BEI GRIN MACHT SICH
WISSEN BEZAHLT

- Wir veröffentlichen Ihre Hausarbeit,
  Bachelor- und Masterarbeit

- Ihr eigenes eBook und Buch -
  weltweit in allen wichtigen Shops

- Verdienen Sie an jedem Verkauf

Jetzt bei www.GRIN.com hochladen
und kostenlos publizieren

Oslan Malyar

Geschäftsmodelle für Online Content

GRIN Verlag

Bibliografische Information der Deutschen Nationalbibliothek:

Die Deutsche Bibliothek verzeichnet diese Publikation in der Deutschen National-
bibliografie; detaillierte bibliografische Daten sind im Internet über http://dnb.d-
nb.de/ abrufbar.

Impressum:

Copyright © 2010 GRIN Verlag GmbH
Druck und Bindung: Books on Demand GmbH, Norderstedt Germany
ISBN: 978-3-656-36688-1

Dieses Buch bei GRIN:

http://www.grin.com/de/e-book/204624/geschaeftsmodelle-fuer-online-content

Geschäftsmodelle für Online-Content

Studienarbeit

Im Rahmen des WPM 2
Studiengang Wirtschaftsinformatik
der
Fachhochschule Stuttgart –
Hochschule der Medien

Oslan Malyar

Bearbeitungszeitraum: 15.10.2010 bis 15.12.2010

Stuttgart, Dezember 2010

Kurzfassung

Der Gegenstand der vorliegenden Arbeit sind Geschäftsmodelle für Online-Content. Es existieren eine Reihe von Geschäftsmodell-Typen, die ihre digitalen Inhalte sowohl kostenlos als auch kostenpflichtig den Nutzern anbieten. Im Rahmen dieser Arbeit werden die verschiedenen Geschäftsmodell-Typen unter Betrachtung der Content-Art sowie des Content-Angebotes klassifiziert und beschrieben. Dabei legt die Arbeit den besonderen Schwerpunkt auf die Erlöswege und den Nutzen für den Kunden. Im weiteren Verlauf konzentriert sich die Arbeit auf die Gestaltung der Geschäftsmodelle für Online-Content. Dazu wird der grundlegende Aufbau des Content-Geschäftsmodells vorgestellt. Zusätzlich werden einige Kriterien herausgearbeitet, welche für die Gestaltung und für das Betreiben von content-basierten Geschäftsmodellen notwendig sind.

Schlagwörter: Geschäftsmodelle im E-Business, Geschäftsmodelle für Online-Content, Online-Content, Content-Typ, Content-Angebot, Content-Anbieter, Aufbau des Geschäftsmodells Content

Abstract

The object of the present work are business models for online content. There are a number of business model types providing both, free models and fee-based models for digital content. This work classifies and describes the different types of business models considering the type of content and the way the content is offered. Further this elaboration emphasizes special revenue channels and the benefits resulting for customers. Later, the work focuses on the design of business models for online content. Therefore the basic structure of the content business model will be introduced. In addition several criteria will be identified which are necessary for the design and operation of content-based business models.

Tags: Business models in E-business, business models for online content, online content, content type, content offering, content providers, the business model for content

Inhaltsverzeichnis

Abbildungsverzeichnis

Abkürzungsverzeichnis

B2B	Business to Business
B2C	Business to Customer
C2C	Customer to Customer
CM	Content-Management
CMS	Content-Management-System
IKT	Informations- und Kommunikationstechnologie
o.A.	ohne Autor
o.J.	ohne Jahr
UGC	User-Generated-Content
USP	Unique Selling Proposition
WWW	World Wide Web

1 Content ist King

„Information ist nicht alles, aber ohne Information ist alles nichts". (Vgl. CYbiz 2001 S.1) Mit diesem Satz lässt sich die Bedeutung digitaler Inhalte für Online-Angebote am besten umschreiben. „Content is King" – so lautet die weit verbreitete Meinung unter Online-Anbietern, denn redaktionelle Inhalte sind im Internet-Zeitalter wichtiger denn je. (Vgl. CYbiz 2001 S.1-2)

Das Internet zeichnete sich von Beginn an als ein freies und offenes Medium aus. Aufgrund der raschen Verbreitung des WWW wurde dieses schon bald nach seiner Entstehung von Unternehmen kommerziell genutzt. Es wurden zahlreiche web-basierte Geschäftsmodelle entwickelt – darunter auch Geschäftsmodelle für Online-Content. Unternehmen übernahmen das Prinzip, Informationen kostenlos gegen Aufmerksamkeit der Kunden zu tauschen. Bis heute stehen die meisten digitalen Inhalte wie Online-Zeitungen, Online-Magazine, Online-Video-Clips oder Online-Nachschlagewerke kostenfrei im WWW zur Verfügung.

1.1 Online-Content als ein wichtiges Handelsgut des Internetzeitalters

Die Refinanzierung der Erstellungskosten der digitalen Inhalte wird durch Online-Werbung vorgenommen. Bis heute ist Online-Werbung das wichtigste Finanzierungsinstrument für digitale Inhalte. (Vgl. Florian Stahl 2005 S.1) Viele Content-Angebote, die ausschließlich durch Werbung finanziert werden, sind jedoch auf Dauer unrentabel. Daher wollen die Produzenten der Inhalte die Kunden zur Kasse bitten, damit auf diese Weise die Online-Aktivitäten mitfinanziert werden. Neue, innovative Paid-Content-Geschäftsmodelle sollen die meist noch vorherrschende kostenlos-Kultur im Internet durch tragfähige Geschäftsmodelle ersetzen. Der Übergang von Open- zu Paid-Content gestaltet sich allerdings als schwierig, denn bisher will kaum jemand etwas für die begehrten Inhalte bezahlen. Viele Content-Anbieter im Bereich B2C haben Schwierigkeiten mit dem Content-Handel im Internet Geld zu verdienen. (Vgl. Sebastian Schmidt 2007 S.96)

Im Bereich B2B sieht mittlerweile der Handel mit den digitalen Inhalten anders aus. Mit der Gründung von unabhängigen wie auch verlagseigenen Content-Brokern und – Syndikatoren hat sich der deutsche Markt für den Vertrieb digitaler Inhalte in den letzten Jahren verändert. Der Handel mit bezahlten Inhalten gewinnt langsam an Fahrt und sie werden als gewinnbringende Ware gehandelt. Die zunehmende Digitalisierung journalistischer Inhalte, die nach Information, Unterhaltung und Service klassifiziert ist, begünstigt ihre Mehrfachverwertung. (Vgl. Sebastian Schmidt 2007 S.96)

Auch im Bereich B2C lässt sich die Trendentwicklung auf dem Content-Markt erkennen. Erwähnenswert sind die Anbieter der Special-Interesst-Content. Die Content-Anbieter sind zu der Erkenntnis gekommen, dass Paid-Content nur in individualisierter Form verkauft werden kann. Das heiß die Abnehmer zeigen erst eine Zahlungsbereitschaft, wenn das Content-Angebot genau auf ihre Bedürfnisse zugeschnitten ist und zu ihrer Zufriedenheit beiträgt

Es wird zunehmend deutlich, dass es nicht nur darauf ankommt, dass Geschäftsmodelle, darunter auch Geschäftsmodelle für Online-Content, in sich logisch sind, sondern dass vor allem die Entwicklungsfähigkeit eines Geschäftsmodells entscheidend ist.

1.2 Ziele der Arbeit

Gegenstand der vorliegenden Arbeit sind „Geschäftsmodelle für Online Content". Das übergeordnete Ziel dieser Arbeit besteht darin, eine Übersicht über Bestimmungsmerkmale für diese Geschäftsmodelle zu erstellen. Es soll anhand der Definition und typischen Eigenschaften aufgezeigt werden, welche Merkmale die Geschäftsmodelle für Online-Content aufweisen. Für ein besseres Verständnis sollen zunächst die Grundlagen der Geschäftsmodelle im Business betrachtet werden.

Es existiert eine Reihe von Geschäftsmodellen für Online-Content. Der Bestand der verschiedenen Geschäftsmodelltypen unter Betrachtung des Content-Angebotes sowie Content-Typs soll aufgenommen und vorgestellt werden. Als Ausgangspunkt soll das 4C-Modell von Wirtz dienen, wobei das Geschäftsmodell Content gesondert behandelt wird. Konkrete Beispiele bezüglich des Content-Anbieters sollen die unterschiedlichen Geschäftsmodellvarianten näher verdeutlichen.

Ein besonderer Schwerpunkt bei der Vorstellung der unterschiedlichen Geschäftsmodelle im Online-Content-Bereich wird dabei sein, welchen Nutzen die Kunden aus dem Geschäftsmodell eines Unternehmens ziehen können und auf welche Art und Weise Geschäftsmodelle mittels Online-Inhalte Umsätze generieren. Die Betrachtung der Erlösquellen ist von besonderer Bedeutung, da sie die Basis eines Geschäftsmodells bilden und finaler Zweck sind. Es ist zu erwähnen, dass einige Non-Profit-Organisationen existieren, deren Geschäftsmodelle kein bzw. kein eindeutiges Erlösmodell beinhalten. Das wohl bekannteste Beispiel ist der Content-Anbieter Wikipedia.

Ein weiteres Ziel der Arbeit ist die Betrachtung der Gestaltung der Geschäftsmodelle für Online-Content. Hier soll aufgezeigt werden, wie das Geschäftsmodell aufgebaut ist und welche Einzelkomponenten die Wertschöpfungskette des Geschäftsmodells bestimmen. Zusätzlich sollen neben der allgemeinen Gestaltung auch die grundlegenden Anforderungen zur Gestaltung dieser Geschäftsmodelle herausgearbeitet werden. Unter Berücksichtigung der herausgearbeiteten Kriterien ist das abschließende Ziel der Arbeit die Vorstellung einiger Anbieter für Online-Content in Bezug auf ihre Geschäftsmodelle.

1.3 Aufbau der Arbeit

Mit dieser Arbeit soll ein Beitrag zur Betrachtung des Themas Geschäftsmodelle für Online-Content aus betriebswirtschaftlicher Sicht geleistet werden.

Im ersten Kapitel werden die Ziele sowie der Aufbau der Arbeit vorgestellt.

Das zweite Kapitel dieser Arbeit beinhaltet die Grundlagen der Geschäftsmodelle im Electronic Business. Darüber hinaus wird die zunehmende Bedeutung des Mediums Internet für die Geschäftsmodelle dargestellt. Diese Ausführungen dienen als Vorbereitung für das Verständnis von bestehenden Geschäftsmodellen für Online-Content.

Das dritte Kapitel befasst sich mit den Geschäftsmodellen für Online-Content. Dabei werden die content-basierten Geschäftsmodelle nach der Art sowie nach dem Angebot des Inhaltes systematisch klassifiziert und vorgestellt.

Im vierten Kapitel geht es um die Gestaltung von Geschäftsmodellen für Online-Content. Dazu wird sich die Arbeit auf den allgemeinen Aufbau des Content-Geschäftsmodelles konzentrieren. Anschließend werden Kriterien herausgearbeitet, die als grundlegende Voraussetzungen für die Gestaltung solcher Geschäftsmodelle dienen sollen.

Im fünften Kapitel werden die Geschäftsmodelle von zwei Content-Anbietern Wikipedia und Youtube vorgestellt. Dabei wird ganz besonders auf die strategische Ausrichtung sowie auf die Art der Leistungsangebote dieser Conent-Anbieter eingegangen. In diesem Zusammenhang sollen die Gemeinsamkeiten und Unterschiede beider Geschäftsmodelle verständlich werden. Abschließend werden die Bedeutung, die zukünftige Problematiken und Chancen der Geschäftsmodelle für Online-Content zusammenfassend dargestellt. Dabei wird das Geschäftsmodell Paid-Content ein Schwerpunkt des Betrachtungsgegenstandes sein.

Abbildung 1 zeigt den Aufbau und die Struktur der Arbeit im Überblick.

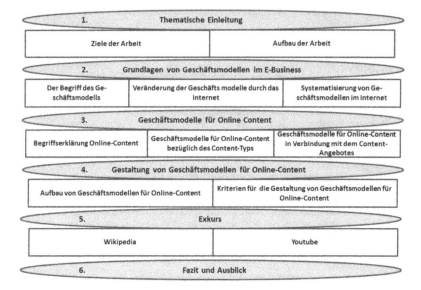

Abbildung 1: Aufbau und Struktur der Arbeit

2 Grundlagen von Geschäftsmodellen im E-Business

2.1 Der Begriff des Geschäftsmodells

Der Begriff des Geschäftsmodells findet in Literatur und Praxis vermehrte Verwendung, ohne dass ein allgemein gültiges Begriffsverständnis vorliegt. In der Literatur werden Geschäftsmodelle als eine Fortentwicklung des traditionellen Strategiekonzepts angesehen, die eine essenzielle Rolle bei der Erreichung der Unternehmensziele spielen.(Vgl. Christian Maaß 2008 S. 29)

Nach Boulton/Libert/Samek 2001 wird der Begriff des Geschäftsmodells als „individuelle Kombination materieller und finanzieller Vermögenswerte" bezeichnet.

Timmers und Stähler definieren den Begriff des Geschäftsmodell als „Geschäftstätigkeit und Rollen der beteiligten Akteure, Nutzen und Einnahmequellen. Geschäftsmodell und Unternehmen sind nicht gleichgesetzt, ein Unternehmen kann mehrere Geschäftsmodelle betreiben: Operationalisierung in Value Proposition, Leistungserstellung und Ertragsmodell" […]. (Vgl. Alexander Graf 2008 S. 84)

Boulton/Libert/Samek bezeichnen ein Geschäftsmodell als eine Kombination materieller und finanzieller Vermögenswerte, welche die Fähigkeit einer Organisation bestimmt, Werte zu schaffen oder zu zerstören. Timmers und Stähler beziehen ihre Definition genau auf ein Unternehmen, in dem sie darauf hindeuten, dass ein Unternehmen mehrere Geschäftsmodelle haben kann. (Vgl. Alexander Graf 2008 S. 85) Zusätzlich nehmen sie Bezug auf die geschäftliche Umwelt, in der sich ein Geschäftsmodell befindet, in dem sie die beteiligten Akteure im Fokus der Geschäftstätigkeit bzw. der Wertschöpfungskette stellen.

Im Allgemeinen kann man festhalten, dass Geschäftsmodelle vereinfachte Darstellungen oder Abbildungen der Art und Weise sind, wie ein Unternehmen am Markt gewinnbringende Werte schafft. (Vgl. Thomas Bieger 2002 S. 4)

Der Begriff Modell beschreibt eine vereinfachte Konstruktion der Wirklichkeit. Modelle dienen der Abbildung der Realität, um einzelne Ursache-Wirkungszusammenhänge in einfacher und übersichtlicher Form darzustellen. Unter dem Begriff Geschäft ist jede Art von gewinnorientierten unternehmerischen Tätigkeiten zu verstehen, bei denen es zu einer Übertragung von Verfügungsrechten an Gütern oder Dienstleistungen kommt (Siehe Abbildung 2). (Vgl. Christian Maaß 2008 S. 29)

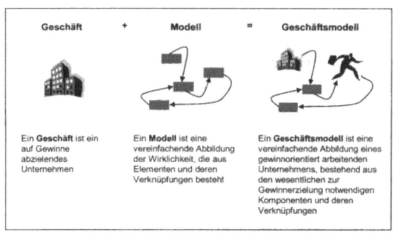

Abbildung 2: Begriff des Geschäftsmodells (nach Christian Maaß 2008 S. 30)

Nach Patrick Stähler besteht ein Geschäftsmodell aus den 3 Hauptkomponenten Value Proposition, Wertschöpfung und Ertragsmodell. Nachfolgend werden die 3 Hauptkomponenten etwas näher vorgestellt.

2.2 Value Proposition

Die Value Proposition eines Geschäftsmodells bezeichnet den Nutzen für den Kunden und externe Partner des Unternehmens, welcher aus der Anwendung des Geschäftsmodells hervorgeht. Bei einem kundenbezogenen Nutzen der Value Proposition spricht man von Unique Selling Proposition (USP). Unique Selling Proposition beschreibt den Grund der Kauftätigkeiten eines Kunden bei einem bestimmten Anbieter und stellt somit dar, was das Unternehmen für den Kunden gegenüber den Wettbewerbern so interessant macht. Daher sind bei der Formulierung von USP folgende Fragen zu berücksichtigen, die für den Erfolg eines Geschäftsmodells unabdingbar sind. (Vgl. Christoph Hammer 2003 S. 42)

- Was macht das Geschäftsmodell interessant für den Kunden?
- Warum sollte der Kunde bei dem Unternehmen einkaufen?
- Worin besteht die Verbesserung gegenüber bisheriger Prozesse und Anbieter

2.3 Architektur der Wertschöpfung

Die zweite Komponente eines Geschäftsmodells ist die Architektur der Wertschöpfung. Hier wird abgebildet, wie der Nutzen für den Kunden innerhalb der Wertschöpfungskette des Unternehmens entsteht (Vgl. Dennis Godbersen 2007 S. 11) und beinhaltet Informationen zu verschiedenen Stufen der Wertschöpfung. Um die Value-Proposition effizienter umsetzen zu können, müssen die drei folgenden Komponenten entsprechend konfiguriert werden.

2.3.1 Produkt-/Marktentwurf

Hier steht das Design des Produktes im Vordergrund. Um sich von möglichen Wettbewerbern differenzieren zu können, muss hier entschieden werden, welches Produkt in welcher Konfiguration das Unternehmen anbieten will.

2.3.2 Interne Architektur

Die interne Architektur der Leistungserstellung dient der Erstellung des Produktes. Sie besteht aus den vorhandenen Ressourcen. Die internen Ressourcen werden aus den Kernkompetenzen und strategischen Vermögenswerten, wie z. B. Marken, Patenten, Kundenbeziehungen oder Vertriebskanälen des Unternehmens gebildet. Das Geschäftsmodell definiert die Stufen der Wertschöpfung und beschreibt die Akteure und deren Rollen. Diese Akteure werden durch Kommunikationskanäle mit einander verbunden und ihre Aufgaben werden durch Koordinationsmechanismen untereinander abgestimmt. Diese Kombination aus den Stufen der Wertschöpfung, den Kommunikationskanälen und den Koordinationsmechanismen bilden die Kernprozesse des Unternehmens.

2.3.3 Externe Architektur

Die externe Architektur des Geschäftsmodells definiert die Schnittstellen des Unternehmens zum Kunden sowie den Wertschöpfungspartnern. Mögliche externe Wertschöpfungspartner sind Beispielsweise Lieferanten, Anbieter von komplementären Produkten, Kunden und Wettbewerber. Die Kundenschnittstellen werden aus den Distributionskanälen, den Informationen über Kunden und den Kommunikationskanälen zwischen Unternehmen und Kunden gebildet. Der Preismechanismus bildet die Schnittstelle zwischen der Wertschöpfungsarchitektur und dem Ertragsmodell. (Vgl. Michael Warm 2008 S. 14 - 15)

2.4 Ertragsmodell

Während die Value Proposition und die Wertschöpfungsarchitektur die Kostenseite eines Geschäftsmodells beschreiben, enthält das Geschäftsmodell auch eine Beschreibung, aus welchen Quellen und auf welche Weise das Unternehmen sein Einkommen generiert. Gute Beispiele für Ertragsquellen sind Abonnentengebühren, Werbeeinnahmen, Sponsorenbeiträge und Einkommen aus Transaktionen wie Provisionen für die Weiterleitung von Kunden, feste oder variable Verkaufskommissionen oder aus dem Direktenverkauf von Gütern. (Vgl Christian Kittl 2008 S. 169) Es gibt zahlreiche Formen von Ertragsgenerierung, die sich nach verschiedenen Kriterien unterscheiden.

2.4.1 Transaktionsabhängige Ertragsmodelle

Bei transaktionsabhängigen Ertragsmodellen hängt der Erlös von der Nutzung der Information bzw. des verkauften Produktes ab. Die Höhe des Entgeltes richtet sich nach der Menge des Produktes oder nach der Zeiteinheit, in der die Dienstleistung in Anspruch genommen wurde. Der Vorteil von transaktionsabhängigen Erlösen liegt darin, dass nur für die Leistung bezahlt werden muss, die in Anspruch genommen wurde und nicht mehr. Der Nachteil liegt in den hohen Verwaltungskosten, da Erlösströme in kleinen Abrechnungseinheiten vorliegen. (Vgl. Sina Schmitt 2008 S. 18)

2.4.2 Transaktionsunabhängige Ertragsmodelle

Bei transaktionsunabhängigen Ertragsmodellen hängt der Erlös nicht von der Nutzung des Produktes/ der Dienstleistung ab, sondern gegen eine jährliche oder monatliche Nutzungsgebühr haben die Nutzer Zugriff auf sämtliche Informationen der Plattform (Vgl. Christoph Hammer 2003 S. 58) . Ein Beispiel aus der Telekommunikationsbranche ist die Flatrate, bei der nicht pro Minute abgerechnet wird, sondern pro Monat ein Pauschalbetrag gezahlt wird. Sowohl für das Unternehmen als auch für den Nutzer liegen die Vorteile darin, dass die Höhe des Entgeltes vorhersehbar und kalkulierbar ist.

2.4.3 Direkte Ertragsmodelle

Bei dem direkten Ertragsmodell zahlt der Benutzer für den Service bzw. für das Produkt. Dabei kommt es zu einer Transaktion zwischen dem Kunden und dem Anbieter des Produktes. Der Vorteil hier liegt darin, dass der Ertrag nur vom Käufermarkt abhängig ist. (Vgl. Sina Schmitt 2008 S. 18 - 20)

2.4.4 Indirekte Ertragsmodelle

Der Betreiber der Plattform finanziert sich von Werbeeinnahmen. Daher können hier die Besucher den angebotenen Service kostenlos bzw. sehr günstig erhalten (Christoph Hammer 2003 S. 57). Der Erlös wird also nicht über den Nutzer generiert, sondern über ein anderes verbundenes Unternehmen bzw. über den Werbetreibenden.

2.5 Veränderung der Geschäftsmodelle durch das Internet

„Das Internet ist ein Dialogmedium. Erfolgreich sind daher nur jene Lösungen, die den Kunden in einem für ihn interessanten Dialog fesseln können. Dieser Dialog führt den Kunden immer wieder zur Internetplattform zurück und veranlasst ihn, Informationen über seine Interessen und Bedürfnisse freiwillig preiszugeben. Denn jeder Kundenbindung geht eine Kundenbeziehung voraus". (Christoph Hammer 2003 S. 13)

Mit dem Internet ist es nun möglich, ein weltumspannendes Medium zu etablieren, das eine bidirektionale Kommunikation zulässt und eine neue Form der Interaktion erlaubt. Der Nutzer kann mit dem Medium Internet selber entscheiden, welchem Angebot er seine Aufmerksamkeit schenken will, die er dann auf einfachste Art und Weise miteinander vergleichen kann. Abgesehen vom Vertrieb von Waren und Dienstleistungen über internetbasierte Plattformen, gehört der Internetauftritt eindeutig zum Marketingmix eines Unternehmens. Dies stellt Unternehmen vor eine große Herausforderung den Kunden davon zu überzeugen, dass die eigenen Inhalte, Waren und Services optimal für ihn sind.

Im Allgemeinen ist zu sagen, dass das Internet als Kommunikations-, Informations-, Transaktions- und Kundenbindungsinstrument zu nutzen ist, deren Kombination das Hauptkriterium eines funktionierenden Geschäftsmodells im E-Business darstellt. (Christoph Hammer 2003 S. 13 - 14)

Im Vergleich zu den klassischen Geschäftsmodellen, bieten die internetbasierten Geschäftsmodelle neue Möglichkeiten zur Erschließung neuer Marktsegmente. Das Internet stellt Techniken und Mechanismen zur Verfügung, die eine völlig neue Herangehensweise an den Kunden erlauben. Ganz besonders auf Grund der weltweiten und ständigen Verfügbarkeit des Internets ergeben sich sowohl technologische als auch organisatorische Erfolgsfaktoren, welche nachfolgend im Einzelnen erklärt werden. (Vgl. Mirko Müller 1999 S. 6)

2.5.1 Digitalisierung

Ohne die Digitalisierung wäre das Betreiben eines Geschäftsmodells für Online-Content nicht denkbar. Zur Verarbeitung von Informationen ist die Digitalisierung von verfügbaren Informationen eine absolute Notwendigkeit. Der Vorteil digitalisierter Angebote ist, dass digitale Informationen sich leichter bearbeiten und verarbeiten lassen, der Zugriff auf Informationen einfach und leicht gestaltet werden kann und sich das Risiko des Informationsverlustes minimieren lässt.

2.5.2 Vernetzbarkeit

Zahlreiche Produkte werden von Kunden bevorzugt, weil sie durch die Vernetzung eine große Anzahl von anderen Kunden erreichen konnten. Das Lernen einer Sprache wird erst attraktiv, wenn sie von vielen Menschen gesprochen wird. Das Internet ermöglicht die Vernetzung, damit die Produkte so viele Kunden wie möglich erreichen können. (Vgl. Mirko Müller 1999 S. 8)

2.5.3 Interaktivität

Das Medium Internet ermöglicht den End-Usern direkt auf die Informationen zu zugreifen. Welche Informationen zu welchem Zeitpunkt, wie lange und in welcher Menge benötigt werden, dürfen die Kunden selber bestimmen. Eine Interaktion findet nicht nur zwischen dem Anbieter und dem Kunden statt, sondern auch zwischen den einzelnen Kunden. Auf diese Weise können die Kunden ein Produkt weiter empfehlen oder nicht. Auch diese Interaktion der Kunden kann für den Anbieter von großem Vorteil sein, denn die Anregungen und Interessen der Kunden enthalten nutzerspezifische Informationen, die sich für die zukünftige Produktgestaltung auswerten lassen. (Vgl. Mirko Müller 1999 S. 8)

2.5.4 Multimedialität

Durch das Internet können die multimedialen Möglichkeiten ausgeschöpft und zur Kundengewinnung und Kundenbindung genutzt werden. Durch die Multimedialität entsteht ein Pull-Effekt, welche den Kunden länger auf der Anbieter-Website verweilen lässt. Dazu gehören beispielsweise ausgefeilte Suchmöglichkeiten, Chat-Räume und Foren für Kunden, Zusatzinformationen als Audio oder Video usw. (Vgl. Mirko Müller 1999 S. 8)

2.5.5 Kundenorientierung

Da die Kunden durch das Internet immer häufiger in engem Kontakt mit den Produzenten stehen, ist es leichter, die Interessen und Bedürfnisse der Kunden in den Mittelpunkt der Produktionsprozesse, die dadurch maßgeblich beeinflusst werden, zu stellen. Für den Erfolg des Geschäftsmodells müssen die Anbieter ihre Geschäftsprozesse neu definieren und ihre Marktpartner und Kunden auf allen Produktions- und Dienstleistungsstufen- von der Planung bis zur Auslieferung mit einbeziehen. (Vgl. Mirko Müller 1999 S. 8).

2.5.6 One-to-One-Marketing

Im Web ist es viel einfacher One-to-One-Marketing zu betreiben, denn je besser ein Anbieter seine Kunden kennt, desto persönlicher kann er auf sie zugehen und eine individuelle Beziehung schaffen. Durch das Internet weiß ein Unternehmen genau, wie oft seine Website besucht wird und wie sich die Kunden darauf verhalten. Diese Daten werden erfasst und analysiert, um die Interessen der Kunden herauszufinden. Auf diese Weise können die Unternehmen die einzelnen Kunden direkt mit Angeboten kontaktieren, die auf ihre persönlichen Bedürfnisse zugeschnitten sind. (Vgl. Mirko Müller 1999 S. 10 - 14)

2.6 Systematisierung von Geschäftsmodellen im Internet

In der Unternehmenspraxis wurde bereits eine Vielzahl von Geschäftsmodellkonzepten speziell für das Medium Internet entwickelt. Der Grund dafür ist, dass mit der Verbreitung von Electronic Commerce oder Electronic Business für viele Unternehmen die Möglichkeit entstand neue Vertriebskanäle mit völlig neuen Geschäftsideen und Leistungen einzurichten. (Vgl. Karakas-online).

Um diese Vielfalt von Geschäftsmodelltypen eingrenzen zu können, müssen die Geschäftsmodelle anhand bestimmter Merkmale klassifiziert werden. Speziell in der Literatur, die sich mit internetbasierten Geschäftsmodellen beschäftigt, finden sich Anhaltspunkte für eine Beschreibung solcher Merkmale.

In Anlehnung an das 4C-NetBusiness-Modell nach Wirtz steht das Leistungsangebot des Geschäftsmodells als Abgrenzungskriterium. Das Abgrenzungskriterium Leistungsangebot ermöglicht eine Gruppierung von homogenen Gruppen hinsichtlich der produktspezifischen Leistungs- und Wertschöpfungsprozesse. Wirtz unterscheidet bei der Typologisierung der Geschäftsmodelle, wie in Abbildung 3 dargestellt, die vier Basisgeschäftsmodelltypen Commerce, Context, Connection und Content. (Vgl. Stehan Buchheit 2009 S. 46)

Content

- Kompilierung (Packaging)
- Darstellung und
- Bereitstellung von Inhalten
- auf einer eigenen Plattform

Commerce

- Anbahnung
- Aushandlung und/oder
- Abwicklung von Geschäfts-
  transaktionen

Context

- Klassifikation und
- Systematisierung von im
  Internet verfügbaren
  Informationen

Connection

- Herstellung der
  Möglichkeit eines
  Informationsaustausches
  in Netzwerken

Abbildung 3: 4C-Net-Business-Modell (nach Bernd W. Wirtz 2001 S. 218)

Selten sind diese Geschäftsmodelltypen in Reinform anzutreffen. Oft bieten Unternehmen Leistungen an, die sich in mehreren dieser Kategorien klassifizieren lassen. (Vgl. Mirko Müller 1999 S. 8) Nachfolgend werden die einzelnen Basisgeschäftsmodelltypen vorgestellt.

2.6.1 Content

Bei dem Geschäftsmodell Content geht es darum den Nutzern Inhalte online zur Verfügung zu stellen. Das Geschäftsmodell besteht in der Sammlung, Selektion, Systematisierung, Zusammenstellung und Bereitstellung von Inhalten. (Vlg. TEIA-Lehrbuch)

Das Ziel dieses Geschäftsmodellansatzes ist es, den Nutzern die Möglichkeit zu bieten, Inhalte in personalisierter, einfacher, bequemer Art visuell ansprechend aufbereitet und online zugänglich zu machen. (Vgl. Stehan Buchheit 2009 S. 46) Der Content beinhaltet Themen aus verschiedenen Bereichen wie Nachrichten, Bildungsangebote oder auch Unterhaltungsangebote (Siehe Abbildung 4). Konkrete Bespiele hierfür wären allgemeine Nachrichten wie z.B. Online-Ausgaben von Zeitungen und Zeitschriften, spezielle Nachrichten für bestimmte Zielgruppen oder verschiedene Möglichkeiten der Online-Weiterbildung und des Online-Lernens. (Vgl. TEIA-Lehrbuch) Das Modell Content eignet sich entweder speziell für Unternehmen als Content-Anbieter oder in Kombination mit dem Geschäftsmodell Commerce für alle Unternehmen, wenn sich durch die kundenorientierte Aufbereitung von Inhalten ein zusätzlicher Mehrwert für den Kunden generieren lässt.

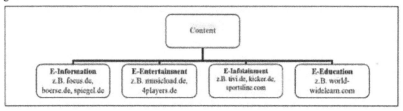

Abbildung 4: Das Geschäftsmodell Content (nach Stehan Buchheit 2009 S. 47)

Mittlerweile hat sich der Trend so entwickelt, dass die Informationen in einer unterhaltenden Art und Weise an den Nutzer vermittelt werden. Diese neuartigen Geschäftsvariationen zwischen E-Information und E-Entertainment werden als Infotainment bezeichnet.

2.6.2 Commerce

Bei dem Geschäftsmodell Commerce sollen die herkömmlichen Phasen des Kaufprozesses durch das Internet unterstützt, ergänzt oder sogar ersetzt werden. Das Modell beinhaltet die Anbahnung, Aushandlung und Abwicklung von Geschäftstransaktionen (siehe Abbildung 5). Die Anbahnungs- und Vereinbarungsphasen spielen dabei eine besonders wichtige Rolle, da hier die Potenziale zur Kostensenkung durch das Medium Internet sehr hoch sind. Das hat damit zu tun, dass die Distribution bei digitalen Produkten bzw. informationsbasierten Leistungen direkt über das Internet erfolgen, während bei physischen Produkten die Frage der Logistik zu klären ist. Zu empfehlen ist das Modell für die Unternehmen, die die Online-Abwicklung für den Vertrieb von Produkten und Dienstleistungen über das Internet bevorzugen. (Vgl. TEIA-Lehrbuch)

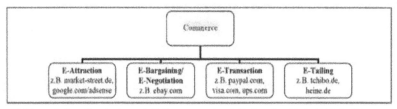

Abbildung 5: Das Geschäftsmodell Commerce (nach Stehan Buchheit 2009 S. 47)

2.6.3 Context

Beim Geschäftsmodell Context handelt es sich um die Klassifikation und Systematisierung der im Internet verfügbaren Informationen. Sie bieten also nicht primär eigene Informationen an, sondern dienen als Navigationshilfe für die Informationsinhalte, die auf der Basis spezifischer Nutzeranfragen im Internet gesucht, nutzerorientiert aufbereitet und dem Nutzer entsprechend präsentiert werden. Somit ist das Ziel des Modells Context die Markttransparenz zu verbessern und dem Nutzer eine Orientierungshilfe im Internet zur Verfügung zu stellen, in dem die im Internet verfügbaren Informationen durchsucht und gefiltert werden, damit der Nutzer auf logisch aufgebaute und strukturierte Informationen zugreifen kann. (Vgl. TEIA-Lehrbuch)

Das Geschäftsmodell Context ist erst durch die Internetökonomie entstanden und hat in den letzten Jahren deutlich an Bedeutung gewonnen. Der Grund dafür ist, dass der Zugriff auf die Informationen über das Internet eine wesentlich einfachere und kostengünstigere Variante darstellt. Das Geschäftsmodell kann, wie in Abbildung 6 dargestellt, weiter in Suchmaschinen, wie z.b. Google.com und Web-Kataloge, wie Yahoo.de(Vgl. Jana Wardag 2002 S. 9) unterteilt werden.

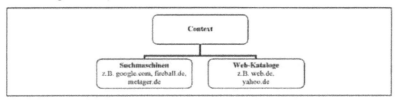

Abbildung 6: Das Geschäftsmodell Context (nach Stehan Buchheit 2009 S. 48)

2.6.4 Connection

Bei dem Geschäftsmodell Connection geht es um die Herstellung der Möglichkeit eines Informationsaustausches in Netzwerken. Das Ziel des Geschäftsmodells ist demzufolge die erforderliche Infrastruktur für einen Informationsaustausch zwischen den Transaktionspartnern im E-Business anzubieten. Somit werden Interaktionen zwischen den Menschen in virtuellen Netzwerken ermöglicht, welche in der physischen Welt aus Gründen wie Kommunikationsbarrieren oder hohen Transaktionskosten nicht möglich wären. Bei dem Angebot des Geschäftsmodells Connection kann es sich um technische Infrastrukturleistungen (z.B. Zugang zum Internet durch Internet Service Provider), kommerzielle Dienstleistungen (z.B. Online-Banking ein angebotener Dienst von T-Online) oder um rein kommunikative Dienstleistungen (z.B. Bereitstellung von Diskussionsplattformen, E-Mail oder Communities) handeln. (Vgl. Stehan Buchheit 2009 S. 48)

3 Geschäftsmodelle für Online-Content

Inzwischen gibt es eine Vielzahl von Geschäftsmodellen und Geschäftsmodellanbietern für das Geschäftsmodelltyp Online-Content. Der Markt boomt und die Umsätze steigen stetig. Zu diesen wachsenden Umsätzen aus der direkten Content-Vermarktung kommen noch einmal Einnahmen aus der Online-Werbung hinzu. Illegale Content-Angebote werden Tag für Tag bedeutungsloser, weil sie nicht mehr mit der Qualität, Geschwindigkeit und dem Service der legalen Angebote mithalten können. (Vgl. BITKOM 2007 S. 6)

In diesem Kapitel werden zunächst die Geschäftsmodelle für verschiedene Content-Typen vorgestellt. Dabei werden konkrete Geschäftsmodellanbieter für die jeweiligen Geschäftsmodelltypen genannt. Danach werden Geschäftsmodelle für Online-Content bezüglich des Content-Angebotes für die vier Bereiche E-Information, E-Education, E-Entertainment und E-Infotainment vorgestellt.

3.1 Begriffserklärung Online-Content

Beim Online-Content handelt es sich um digital gespeicherte Informationen bzw. Inhalte, die entweder online erstellt werden oder schon physisch vorhanden sind und anhand technischer Verfahren digitalisiert werden. (Vgl. Jörg Link 2003 S. 186) Die digital gespeicherten Informationen können eine Vielzahl von Inhalten wie z.B. Texte, Bilder, Audio, Video usw. umfassen. Der Begriff Content wird im deutschsprachigen Raum genutzt, als das Internet verstärkt an Bedeutung gewonnen hat.

3.2 Geschäftsmodelle für Online-Content bezüglich des Content-Typs

Es gibt verschiedene Geschäftsmodelle für unterschiedliche Arten von Inhalten, wie Open-Content, Paid-Content, User-Generated-Content usw. In diesem Teil der Arbeit stehen die Geschäftsmodelle bezüglich des Content-Typs im Vordergrund, die nachfolgend im Einzelnen dargestellt und erklärt werden.

3.2.1 Das Geschäftsmodell Open-Content

Mit dem Begriff Open-Content ist die Nutzung freier Inhalte im Netz gemeint. Das heißt die Texte, Bilder, Tonwerke oder Videos stehen den Benutzern im Netz zur Verfügung und dürfen ohne die Zahlung von Lizenzgebühren genutzt werden. Inhalte, die als Open-Content lizenziert sind, dürfen bearbeitet, weiterverarbeitet, kopiert und gewerblich genutzt werden, ohne dass gegen das Urheberrecht verstoßen wird - aber nur, wenn auf Urheber oder Urheberin hingewiesen wird.(Vgl. Content.net/Open-Content) Das bekannteste Beispiel für Open-Content-Anbieter ist die freie Enzyklopädie Wikipedia, bei der die Konsumenten zugleich auch Produzenten von Inhalten sein können.

In Anlehnung an Lizenzmodelle von Open-Source-Software wurde Open-Content entwickelt, weil die Open-Source-Software eine Erfolgsgeschichte aufweist, an der andere Ansätze wie Open-Content anknüpfen möchten. Genauso wie Open-Source-Software verfolgt der Open-Content-Ansatz folgende These: Je freier der Umgang mit Wissen und Informationen ist, desto innovativer sind Wirtschaft und Wissenschaft. (Vgl. opencontent-bw)

Auf der Seite der Forschung und Wissenschaft steht hinter dem Open-Content-Ansatz der Gedanke, dass wissenschaftliche Erkenntnisse, deren Entstehung häufig durch öffentliche Gelder finanziert wird, auch kostenlos anderen Forschern und der Allgemeinheit zur Verfügung gestellt werden sollten. Die Hauptbefürworter dieses Ansatzes sind die Hochschulbibliotheken, die jährlich enorme Summen für wissenschaftliche Zeitschriften ausgeben. Durch die freien Publikationen können die Budgets entsprechend entlastet werden. (Vgl. doit.online)

Das Geschäftsmodell des Open-Contents macht auch vor Musik und Filmen keinen halt. Die US-amerikanische Band Nine Inch Nails stellte ihr aktuelles Album „The Slip" ihren Fans kostenlos im Internet zum Download zur Verfügung. Die Umsatzeinbußen werden aus dem Verkauf von Konzertkarten und Merchandising-Artikeln generiert. (Vgl. doit.online)

3.2.2 Das Geschäftsmodell Paid-Content

Unter dem Begriff Paid-Conent versteht man den Verkauf von Inhalten wie Texte, Bilder und Videos. Es handelt sich um den klassischen Vertrieb von digitalen Inhalten, welcher auch die Verlagshäuser zunehmend beschäftigt, da man hier gegenüber den Printmedien eine zusätzliche und kostengünstigere Einnahmequelle sieht. (Vgl. Content.net/Paid-Content)

Paid-Content-Geschäftsmodelle haben das Ziel die Kostenlos-Content-Kultur im Internet durch wirtschaftlich tragfähige Erlös- bzw. Geschäftsmodelle zu ersetzen. Dies ist allerdings eine sehr schwierige Aufgabe, denn die Benutzer haben sich an die „kostenlos Kultur" gewöhnt und sind in den meisten Fällen nicht bereit für Inhalte zu bezahlen, für die sie bisher nicht zahlen mussten. Eine negative Folge davon wäre, dass die Online-Nutzer versuchen werden die Inhalte aus einer anderen Quelle kostenfrei zu erhalten. Durch die immer weniger werdenden Besucherzahlen des Online-Angebotes reduzieren sich die Werbeeinnahmen. Durch diese Auswirkung der Umstellung zu Paid-Content-Geschäftsmodell sind demnach die Anbieter besonders auf einen dauerhaften Vermarktungserfolg angewiesen. (Vgl. Sebastian Schmidt 2007 S. 96)

Der Werbemonitor von BITKOM und Forsa hat ergeben, dass nur 16% der deutschen Internetbenutzer eine Zahlungsbereitschaft für die Inhalte im Internet aufweisen. Die Zahlungsbereitschaft unter den höher Gebildeten mit einem Abiturabschluss(27%) liegt höher als die von Bundesbürgern mit einem Hauptschulabschluss (5%). Auch die Altersgruppe und die Preisbildung spielen eine wichtige Rolle. 19% der Altersgruppe zwischen 18 und 29 Jahren würden für journalistisch aufbereitete Artikel im Internet zahlen. Angemessene Preise für die Inhalt-Angebote sind entscheidende Erfolgskriterien. Der WebMonitor belegt, dass 93% der Internetnutzer für Inhalte, die bis zu 10 Cent kosten, eine Zahlungsbereitschaft zeigen. Für Inhalte bis 1 Euro würden immerhin 56% der Internet-Nutzer zahlen. Bezahlinhalte, welche die 1 Euro-Grenze überschreiten, finden kaum Zahlungswillige. (Vgl. Markus Casperi 2009)

3.2.3 Das Geschäftsmodell User-Generated-Content

Unter User-Generated-Content abgekürzt UGC versteht man die vom User erstellten Inhalte, die im Netz in der Regel allen anderen Usern kostenfrei zur Verfügung stehen. Die GNC Websites genießen eine hohe Beliebtheit, weil sie die Inhalte nicht wie bei einigen Verlagen gegen Entgelt anbieten. (Vgl. Content.net/User-Generated-Content) Gängige Bespiele für User-Generated-Content sind Beiträge in Foren, private Blogs, private Podcasts oder Vodcasts. Als sehr bekannter Anbieter für User-Generated-Content kann die Online-Enzyklopädie Wikipedia, bei dem die Nutzer auch Inhalte erstellen können, genannt werden.

Durch die Entwicklung der Web 2.0 Technologie können die vom User generierten Inhalte, auch in professioneller Form, in Suchmaschinen wie Google besser platziert werden. Daher gehen viele Experten davon aus, dass durch den rasanten Anstieg des User-Generated-Content die klassischen Massenmedien an Kraft verlieren werden. Der Grund dafür ist, dass die Nutzer die Inhalte nicht nur kostenlos nutzen können, sondern auch mehr Glaubwürdigkeit schenken werden als bei abhängigen Redakteuren, die gegen Bezahlung Inhalte schreiben. Aus diesem Grund versuchen die klassischen Massenmedien die User-Generated-Contents in ihre Portale zu integrieren, damit die Nutzerzahlen steigen und die Umsätze durch Werbung anziehen. (Vgl. Content.net/User/Generated-Content)

Neben den indirekten Erlösen aus Werbeeinnahmen existieren bereits viele andere direkt erlösorientierte Geschäftsmodelle für User-Generated-Content. Die Anbieter stellen in der Regel die Plattform zur Verfügung, mit der die Nutzer ihre Inhalte entwickeln und damit Geld verdienen können. Beispielsweise bei dem T-Shirt-Händler Spreadshirt können die User ihre eigenen Spreadshops eröffnen, Designs für die T-Shirts kreieren und sie auf der Plattform anbieten. Als Lohn werden sie am Verkaufserlös beteiligt. (Vgl. Christian Schmitt 2007)

Als weiteres Beispiel für ein User-Generated-Content kann der GRIN Verlag genannt werden. Der GRIN Verlag hat sich auf die Veröffentlichung von Haus-, Studien- und Universitätsarbeiten im Internet spezialisiert. Die Nutzer können ihre geschriebenen Arbeiten auf die Plattform des Anbieters hochladen und sich an dem Verkaufserlös ihrer Werke beteiligen.

Bei dem User-Generated-Content-Ansatz stellt die Qualitätssicherung ein Problem dar. Es muss sichergestellt werden, dass z.b. die Blogskommentare keine Spams oder rechtlich kritische Inhalte (bspw. Rechtsradikalismus) enthalten. Ein anderes Problem ist, dass zu starke Eingriffe in die Meinungsfreiheit der User auf Mistrauen und Kontraproduktivität stoßen würden, was dazu führt, dass die User keine Beiträge mehr liefern. (Vgl. Christian Schmitt 2007)

3.2.4 Das Geschäftsmodell Content-Syndication

Der Begriff Content-Syndication steht für die Mehrfachverwendung von Inhalten. Bei dem Content-Syndication-Konzept treten mehrere Beteiligte auf. Content-Erzeuger sind die jenigen, die Inhalte produzieren und diese für wirtschaftliche Nutzung freigeben. Content-Geber sind zwar keine Content-Erzeuger, halten jedoch die Nutzungsrechte und vergeben Lizenzen. Die Content-Broker funktionieren als Intermediäre, welche geschäftliche Beziehungen zwischen den Content-Erzeugern und den Content-Verwendern herstellen. Es gibt noch die Content-Provider, die sowohl die Rolle der Content-Erzeuger als auch der Content-Broker einnehmen können. Anschließend gibt es noch die Content-Verwender, die die Inhalte aus bestimmten Gründen und für bestimme Ziele einsetzen und nutzen. (Vgl. Content.net/Content-Syndication)

Motive und Nutzung des Geschäftsmodells der Mehrfachverwendung sieht so aus, dass auf einer Seite die Medienunternehmen stehen, die neben Eigennutzung ihre Inhalte weiterverwerten wollen, um ihre Internet-Aktivitäten profitabler zu gestalten, weil die Erlöse allein aus Werbeeinnahmen meistens nicht ausreichen. Auf der anderen Seite gibt es tausende Unternehmen-Websites, Internet-Portale, virtuelle Marktplätze, firmeneigene Intranets und mobile Plattformen, die sich keine Eigenredaktion leisten können und für Kundengewinnung und Kundenbindung attraktive Inhalte brauchen. Aus diesem Grund sind sie auf Inhalten aus externen Quellen angewiesen. (Vgl. Barbara Heckerott 2002)

Die Medienunternehmen profitieren also von breiteren Absatzmöglichkeiten und Erlössteigerungen. Die Content-Broker, die als Intermediäre agieren, bauen ihr Geschäftsmodell auf der Ware Information auf und profitieren von der Vermittlung der Inhalte zwischen den Content-Anbietern und Content-Verwendern. Die Content-Verwender profitieren von günstigen Preisen und zugleich attraktiven Angeboten. (Paul Holger Klee 2009)

3.3 Geschäftsmodelle in Verbindung mit dem Content-Angebot

In diesem Kapitel werden die Geschäftsmodelle unter Berücksichtigung der angebotenen Inhalte näher betrachtet. Dabei wird als Ausgangspunkt für eine Klassifizierung der Themenbereiche der Basisgeschäftsmodelltyp Content verwendet. Bei dem Geschäftsmodell Content geht es darum den Nutzern Inhalte online zur Verfügung zu stellen. (Vgl. Jana Wardag 2002 S. 7) Das Geschäftsmodell besteht in der Sammlung, Selektion, Systematisierung, Zusammenstellung und Bereitstellung von Inhalten.

Hierzu werden die vorgenommenen Unterteilungen (siehe Abbildung 7) des Geschäftsmodells in E-Information, E-Entertainment, E-Infotainment und E-Education anhand konkreter Geschäftsmodellanbieter vorgestellt.

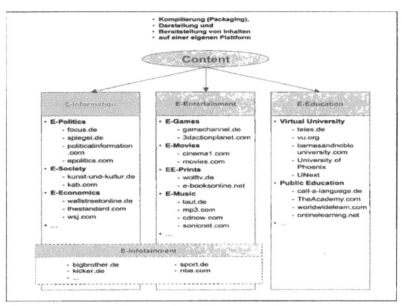

Abbildung 7: Gliederung des Geschäftsmodells Content (nach Bernd W. Wirtz 2001 S. 219)

3.3.1 Geschäftsmodelle unter Betrachtung der E-Information

Wenn sich ein Anbieter auf ein bestimmtes Themengebiet konzentriert, spricht man von einer Geschäftsmodellvariante der E-Information. Zu der Kategorie E-Information gehören also alle Plattformen mit einem vorwiegend informativen Charakter. Der Geschäftsmodelltyp E-Information lässt sich weiterhin untergliedern in Geschäftsmodelle mit speziellem Fokus auf politische (E-Politics), gesellschaftliche (E-Society) und wirtschaftliche (E-Economics) Inhalte. Konkrete Beispiele für Anbieter von E-Politics-Inhalten sind www.focus.de, www.spiegel.de oder www.politicinformation.com, welche sich auf Inhalte mit politischem Bezug konzentrieren. Ein Beispiel für Anbieter des Bereiches E-Society ist www.kunst-und-kultur.de. Die Website www.wallstreetonline.de kann man als ein Geschäftsmodellanbieter des Themengebietes E-Economics nennen. Bei www.wallstreetonline.de können die Nutzer die neuesten Finanznachrichten, aktuelle Analysedaten zu bestimmten Unternehmen oder Chartanalysen für bestimmte Aktienkurse abrufen. (Bernd W. Wirtz 2001 S.220)

Es ist nicht zwingend erforderlich, dass sich eine Geschäftsmodellvariante auf einen engen Themenbereich konzentriert. Auf diese Weise können zwar die Anbieter einen Zusatznutzen für die Kunden in Form von größerer Informationstiefe bieten, sie können aber keine hohe Reichweite erreichen. Es ist also denkbar, dass sich ein Geschäftsmodell auf Inhalte über alle Interessengebiete, dem sogenannten Public-Interest-Inhalte fokussiert, um möglichst viele interessierte Nutzer erreichen zu können.

Die Erlösquellen der obengenannten Anbieter können direkter oder indirekter Natur sowie transaktionsabhängig oder transaktionsunabhängig sein. Bei den Anbietern, die Public-Interest-Inhalte anbieten, dominieren indirekte Erlösformen, welche auf Werbemärkten erzielt werden. Das hat damit zu tun, dass hier die Eigenschaften der Ubiquität für Open-Content im Bereich B2C gegeben sind und die Zahlungsbereitschaft der Nutzer sehr gering ist. Bei den Anbietern, die sich auf Inhalte für eine bestimmte Zielgruppe konzentrieren, kommt es dagegen zur direkten Erlösgenerierung. Hier erzielen die Anbieter der Special-Interest-Inhalte ihre Erlöse direkt über den Nutzermarkt, da die Eigenschaften der Ubiquität vorliegen und somit die Zahlungsbereitschaft vorhanden ist. (Bernd W. Wirtz 2001 S. 220 - 221)

3.3.2 Geschäftsmodelle unter Betrachtung der E-Entertainment

Bei der Geschäftsmodellvariante E-Entertainment werden primär unterhaltende Inhalte angeboten. Das Internet dient hier als Unterhaltungsmedium.
Inzwischen ist in den USA und Deutschland die Online-Unterhaltung bei Teenagern sehr populär. Das E-Entertainment umfasst ein weites Feld an Angeboten wie E-Games (Spiele), E-Music (Musik), E-Movies (Filme) oder EE-Prints (electronic entertaining prints). (Vgl. Bernd W. Wirtz 2010 S. 235)

E-Games: Es gibt verschiedene Spielformen und Inhalte bei Online-Spielen. Man unterscheidet zwischen Einzel- oder Mehrspielangeboten. Zum Bespiel wird von www.schach.de virtuelle Schachpartien als Online-Spiel angeboten. Erlöse werden durch jährliche Freischaltungsgebühren für die Zugangssoftware zu den Spiel-Servern erzielt. www.partypoker.com bietet Pokerspiele als Online-Casino-Spiele an, bei denen es möglich ist, gegeneinander in Turnieren zu spielen. Diese Pokerplattform erzielt ihre Erlöse durch Werbung sowie durch direkte Erlöse wie Prozentanteile an ausgeschütteten Gewinnsummen oder Einsätzen. (Vgl. Bernd W. Wirtz 2010 S. 236)

E-Movies: Ein Repräsentant für E- Movies ist www.movies.com, dessen Leistungsangebot Kinofilminformationen wie die Rankings der laufenden Kinofilme oder Hintergrundinformationen zu Schauspielern und Kinofilmen umfasst. Hinzu kommen professionelle bzw. nutzergenerierte Kritiken, wodurch es Nutzern möglich ist, eine bessere Film-Auswahl zu nutzen. (Vgl. Bernd W. Wirtz 2010 S. 236)

EE-Prints: Bei Electronic Entertaining Prints handelt es sich um alle lesbaren und unterhaltende Inhalte. Sie bieten sowohl multimediale Sammlungen als auch Sammlungen elektronischer Bücher an. Bei elektronischen Büchern gibt es spezielle Formate, wie Hörbücher (Audiobooks). Hier werden Bücher ganz oder gekürzt zum Beispiel unter www.claudio.de vorgelesen. (Vgl. Bernd W. Wirtz 2010 S. 237)

E-Music: Durch E-Music wird der legale Download urheberrechtlich geschützter Musik ermöglicht. Es gibt Portale, wie www.musicdownload.de, bei denen kostenpflichtige Downloads oder Downloads von kostenlosen Titeln unbekannter Künstler zur Verfügung stehen.(Vgl. Bernd W. Wirtz 2010 S.)

3.3.3 Geschäftsmodelle unter Betrachtung der E-Infotainment

Infotainment setzt sich aus Entertainment und Information zusammen.

Bei E-Infotainment handelt es sich um eine Mischung zwischen Information und Unterhaltung. Bei dieser Geschäftsmodellvariante werden neben Programminformationen Unterhaltungselemente angeboten. Der Unterhaltungswert bei den Informationen ist wichtig, denn wenn der Nutzer einen hohen Wert sieht, verbessert sich die Chance auf direkte Erlöse. Indirekte Erlöse können durch die Bindung und Erweiterung des Nutzerkreises erzielt werden.(Vgl. Bernd W. Wirtz 2010 S. 239)

Es ist möglich eine Sendung im Fernsehen zu sehen, wodurch Unterhaltung zustande kommt. Gleichzeitig kann man detaillierte Informationen zu dieser Sendung im Internet herunterladen wie auf www.vox.de.

Unter www.kicker.de werden umfangreiche Informationen zu den deutschen Fußball-Bundesligen, Hintergrundinformationen und fußballbezogene Nachrichten sowie Online-Spiele angeboten. Es ist hier möglich, virtuelle Teams aus tatsächlich existierenden Sportlern zusammenzustellen und diese Teams online zu managen. Die Teams erzielen reale Ergebnisse. Die Teilnehmer werden dazu angeregt, diese Ergebnisse auf der Internetseite von Kicker zu verfolgen, wodurch Nutzerbindungsziele, Nutzungshäufigkeit und Nutzungsdauer unterstützt werden.

3.3.4 Geschäftsmodelle unter Betrachtung der E-Education

Das Geschäftsmodell E-Education ist ebenfalls wie E-Information und E-Entertainment eine Geschäftsmodellvariante von Content. Bei dem Geschäftsmodell E-Education spielt der Aspekt Bildung die wesentlichste Rolle. Hier geht es nicht nur um die Vermittlung von Informationen an den Nutzer, sondern auch darum, dass die Informationen verstanden werden, in dem analytische Fähigkeiten, strukturiertes Denken und Problemlösungskompetenzen geschult und gefördert werden. So ist es möglich, die Internalisierung durch Lernprozesse als Wissen zu erreichen.

Das andere Abgrenzungsmerkmal, was sich von den Geschäftsmodellvarianten E-Information und E-Entertainment unterscheidet, ist die Vergabe eines Titels oder Zertifikates. Zum einen bestätigt dieses Zertifikat die Teilnahme an einer Bildungsmaßnahme. Zum anderen dienen Bewertungen zum Beispiel in Form von Noten als Nachweis des Lernerfolges.(Vgl. Bernd W. Wirtz 2010 S. 241)

Auf www.vu.org ist es möglich nach der Einschreibung Kurse zu belegen. Nach einer Prüfung kann man auch einen universitären Abschluss erwerben. Die gestellten Aufgaben können von zu Hause erledigt werden. Für berufstätige Kunden ist das internetbasierte Lernen häufig die einzige Möglichkeit einen universitären Abschluss zu erwerben.

Auch das virtuelle Bildungsnetzwerk Winfoline bietet Studierenden die Möglichkeit auf einer Online-Plattform über Web-Based-Trainings Kurse aus dem Gebiet der Wirtschaftsinformatik zu belegen. Diese Lernplattform beinhaltet unter anderem Übungen, den multimedial aufbereitenden Lernstoff sowie Werkzeuge für die Kommunikation mit anderen Studierenden oder einem Betreuer. Am Ende des Semesters können Klausuren abgelegt werden. Zudem können erworbene Scheine als Studienleistung eingebracht werden. Außerdem ist es möglich ein Aufbaustudiengang zum Master of Science in Information Systems zu absolvieren, welcher kostenpflichtig ist. (Vgl. Bernd W. Wirtz 2010 S. 242)

Somit ergibt sich der monetäre Betrag dieses Geschäftsmodells aus direkten Erlösen und zwar in Form von Nutzungs- und Prüfungsgebühren. E-Education erzielt seine Erlöse mit direkten Erlösen. Es handelt sich hierbei um Kursgebühren und zusätzlichen Gebühren für Korrekturen von Tests. (Vgl. Bernd W. Wirtz 2010 S. 243)

4 Gestaltung von Geschäftsmodellen für Online-Content

Die Gestaltung von Geschäftsmodellen ist im Prinzip immer firmenindividuell. (Vgl. Christian Hofbauer 2008 S. 47) Das nachfolgende Kapitel konzentriert sich jedoch auf den allgemeinen Aufbau des Geschäftsmodells für Online-Content. Dazu wird das Aufbauprinzip des Leistungssystems für das Content-Geschäftsmodell von Wirtz als Ausgangspunkt angewendet. Anschließend werden Kriterien herausgearbeitet, die als grundlegende Voraussetzungen für die Gestaltung und dem Betreiben des Geschäftsmodells dienen sollen.

4.1 Aufbau von Geschäftsmodellen für Online-Content

Nach Wirtz besteht ein Geschäftsmodell aus 3 Elementen, welche für die Wettbewerbsfähigkeit und dem Leistungsangebot eines E-Business-Unternehmens von entscheidender Bedeutung sind (siehe Abbildung 8). Zu diesen Elementen zählen die Wertschöpfungskette, Core Assets und die Kernkompetenzen, die neben anderen elementaren Bestandteilen das Geschäftsmodell eines Unternehmens abbilden. Aufgrund des eingeschränkten Umfangs der Arbeit wird in diesem Kapitel nur auf diese 3 wesentlichen Elemente eingegangen.

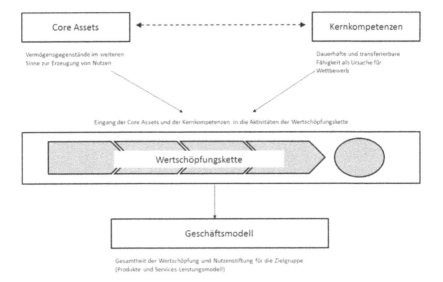

Abbildung 8: Das Leistungssystem des Geschäftsmodells Content (nach Bernd W. Wirtz 2010 S. 199)

4.1.1 Core Assets und Kernkompetenzen

Ein Unternehmen erlangt durch Core Assets und Kernkompetenzen einen nachhaltigen Wettbewerbsvorteil, welcher sich im Ergebnis in der Erzielung langfristig überdurchschnittlicher Kapitalrenditen niederschlägt. Sie sind sehr wichtig für den langfristigen Erfolg eines Unternehmens im E-Business.

Core Assets sind materielle und immaterielle Vermögensgegenstände. Sie nehmen eine zentrale Rolle bei der Leistungserstellung und -vermarktung ein, wie zum Beispiel der Umfang des Kundenstamms im E-Business.

Core Assets werden durch Kernkompetenzen vervollständigt. Diese sind zur Nutzung von Core Assets notwendig. Kernkompetenzen bezeichnen die Fähigkeiten des Unternehmens in besondere Maße seiner Mitarbeiter und des Managements, die Assets so zu kombinieren, dass durch die Kombination ein bedeutsamer Kundennutzen entsteht, wie zum Beispiel die Technologie und Sicherheitskompetenz im E-Business. (Vgl. Bernd W. Wirtz 2010 S. 200) Die wichtigsten Core Assets von Content-Anbietern sind die angebotenen Inhalte bzw. ihre Verwertungsrechte und die zugehörigen Marken sowie die Mitarbeiter.

Die **Inhalte** stellen den zentralen Gegenstand der Wertschöpfung und des Leistungsangebots dar. Hier wird zwischen General Interest Anbietern und Special Interest Anbietern unterschieden. Bei General Interest Anbietern versteht man hauptsächlich die Verknüpfung von eigenen Inhalten mit eingekauften Inhalten als ein Core Asset. Bei Special Interest Anbietern stellen die selbst hergestellten Inhalte inklusive der damit zusammenhängenden Nutzungsrechte ein Core Asset dar, welches ein Alleinstellungsmerkmal des jeweiligen Content-Anbieters etablieren oder an andere Content-Anbieter verkauft werden kann. (Vgl. Bernd W. Wirtz 2010 S. 228 - 229)

Die **Marken** des Content-Anbieters, unter denen die Inhalte firmieren, sind sehr relevante Core Assets. Sie beschreiben ein Wertversprechen und werden von Kunden mit bestimmten, meist positiven Produkteigenschaften in Verbindung gebracht. Ein gutes Ansehen beeinflusst den Wert der erstellten Inhalte positiv, was erneut als Core Asset verstanden werden kann. (Vgl. Bernd W. Wirtz 2010 S. 229)

Mitarbeiter sind Know How-Träger. Sie besitzen überwiegend spezifische Fähigkeiten, die ein Unternehmen von Mitbewerbern differenziert. Die Zusammensetzung individueller Fähigkeiten in einem Team kann zu einer verbesserten Leistungserstellung und damit zu Wettbewerbsvorteilen führen.

Netzwerke veranschaulichen ebenfalls ein Core Asset, da sie eine enorme Bedeutung für die Leistungserstellung haben und Content-Anbietern einen Differenzierungs- oder Kostenvorteil verschaffen. Sie dienen Content-Anbietern besonders zur Informationsbeschaffung, um Input für die Content-Erstellung zu akquirieren. (Vgl. Bernd W. Wirtz 2010 S. 229 - 230)

Zu Kernkompetenzen gehören hauptsächlich die Content Sourcing-Kompetenz, die Content Creation-Kompetenz, die Produktentwicklungskompetenz und die Distributionskompetenz.

Die **Content Sourcing-Kompetenz** beinhaltet die Fähigkeit, qualitativ hochwertige Informationen und Unterhaltungsinhalte, aber auch Autoren oder Produzenten als Input für die Erstellung der Inhalte zu gewinnen. Bei exklusiv beschafften Inhalten entstehen Wettbewerbsvorteile.

Die **Content Creation-Kompetenz** ist erforderlich, damit Online-Inhalte erfolgreich hergestellt werden können. Hier wird zwischen verschiedenen Subkompetenzen unterschieden, wobei die Trend- und Veredelungskompetenzen für Content-Anbieter im Internet enorm wichtig sind. Die Subkompetenzen sind hochgradig medien-, genre- und formatspezifisch, da die Gesichtspunkte, welche die Inhalte aus Sicht der Rezipienten attraktiv machen, je nach Mediennutzungszweck und Zielgruppe zu differenzieren sind. Das implizite Wissen der Mitarbeiter und organisationsspezifische Routinen üben auf die Content Creation-Kompetenz in hohem Maß Einfluss aus.

Die **Produktentwicklungskompetenz** umfasst die Fähigkeit, erfolgversprechende Formate zu entwickeln und an den bedeutenden Märkten zu platzieren. Sie geht teilweise auf die Trendkompetenz der Content-Anbieter zurück und erfordert großes Wissen über spezifische Marktsegmente.

Die **Distributionskompetenz** bezieht sich auf die Fähigkeit, Inhalte in der gewünschten Menge, rechtzeitig und über den richtigen Kanal für die Rezipienten bereitzustellen. Sie besteht aus der Verwertungskompetenz und der Fähigkeit eine C2C-Distribution aktiv in das Content-Geschäftsmodell zu integrieren. (Vgl. Bernd W. Wirtz 2010 S. 230 - 231)

4.1.2 Architektur der Wertschöpfungskette des Geschäftsmodells für Online-Content

Bei der Wertschöpfungskette wird auf die relevanten Aspekten eingegangen. Die Abbildung 9 zeigt die einzelnen Stufen der Wertschöpfungskette des Geschäftsmodells. Um ein möglichst umfassendes Verständnis bezüglich der Kernaktivität zu erhalten, wird zudem noch implizit auf die einzelnen Stufen der Wertschöpfungskette eingegangen. (Vgl. Bernd W. Wirtz 2010 S. 224)

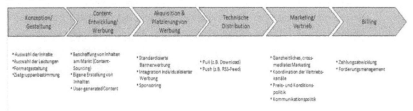

Abbildung 9: Aggregierte Wertschöpfungskette (nach Bernd W. Wirtz 2010 S. 225)

Konzeption/Gestaltung: Zunächst muss sich der Content-Anbieter mit den Überlegungen im Rahmen des Leistungsangebots und der Leistungsdifferenzierung befassen. Er muss entscheiden in welcher Form er welchen Kunden welche Inhalte und Leistungen anbietet. Die Leistungen können zum Beispiel in freien Content, pay per view Content oder Content für bezahlende Abonnenten unterteilt werden. Somit kann man das Leistungsangebot diversifizieren. Des Weiteren muss er die Darstellungsform bzw. die Formate für die Inhalte wählen. (Vgl. Bernd W. Wirtz 2010 S. 225)

Content Entwicklung/-Produktion: Die angebotenen Online-Inhalte können entweder bei traditionellen Nachrichtenagenturen wie Reuters oder dpa eingekauft werden, wobei den Erwerbern die Inhalte meist in digitaler Form angeboten werden, um eine Einbindung der gekauften Inhalte in das Online-Angebot technisch problemlos ermöglichen. Oder sie werden selbst produziert, was meist bei Special Interest-Angeboten vorkommt.

Akquisition und Platzierung von Werbung/Technische Distribution: Wenn die Content-Anbieter zusätzlich zu den direkten Erlösen auch indirekte Erlöse aus Werbung oder Sponsoring erzielen, sollten sie darauf achten, dass dem zahlenden Nutzer nicht zu viel Werbung präsentiert wird, um das Premiumangebot zu rechtfertigen.

Es gibt eine Vielzahl von Werbeformen, aus denen der Content-Anbieter wählen kann. Zum Beispiel wird auf der Videoplattform Youtube die Werbung inhaltlich konkret auf das betrachtete Video abgestimmt, damit ein möglichst hoher Übereinstimmung zwischen dem Interesse des Nutzers und seinen eventuell vorhandenen Konsumwünschen realisiert wird. Auch Blogs erzielen ihre Erlöse nicht direkt durch Zahlungen der Leser, sondern durch Werbeeinnahmen. Es gibt auch Angebote im Rahmen des User Generated Content, wie Wikipedia, die bewusst werbefrei sind und sich daher über Spenden finanzieren.

Bei digitalem Content sind die First Copy Costs besonders ausschlaggebend. Die Vervielfältigungs- und zusätzlichen Distributionskosten fallen nur marginal an.

Die Distribution kann auf zwei Varianten erfolgen. Bei der ersten Art ruft der Nutzer Inhalte aktiv auf. Er zieht sie also direkt aus dem Internet (pull), um sie online oder offline zu nutzen. Bei der zweiten Möglichkeit entscheidet der Anbieter der Inhalte, wann die Inhalte dem Nutzer zur Verfügung gestellt werden. Er drückt die Inhalte zum Nutzer (push). Hierzu muss sich der Nutzer angemeldet haben, woraufhin der Anwender den gesamten Inhalt auf das Endgerät des Nutzers liefert.

Die damit einhergehenden Veränderungen im Internet üben eine erhebliche Wirkung auf die Content-Distribution aus. Der Content kann über private Internetnetzwerke oder direkt zwischen mobilen Endgeräten stattfinden. Durch die Bereitstellung mehrerer unterschiedlicher Distributionskanäle und der Entbindung der C2C-Distribution sollte der Content-Anbieter weiteres Absatzpotenzial erschließen. (Vgl. Bernd W. Wirtz 2010 S. 226 - 227)

Marketing und Vertrieb: Marketing und Vertrieb sorgen für die Umsetzung der entworfenen Leistungs- und Erlösmodelle. Neben üblichen Online-Marketingaktivitäten ist es auch möglich Cross-Mediale bzw. Offline-Aktivitäten durchzuführen, damit die Aufmerksamkeit beim potenziellen Nutzer erlangt wird, wie zum Beispiel das Content-Angebot www.focus.de.

Im Vertrieb wird die Koordination der Vertriebskanäle, die Preis- und Konditionenpolitik sowie die Kommunikationspolitik wahrgenommen, damit Nutzer und potenzielle Kunden gewonnen werden. Im Rahmen der E-Education ist die Aufgabe des Vertriebes besonders wichtig, da hier oft mit Reputations- und Kundenbeziehungseffekten neue lernwillige Kunden angesprochen werden.

Billing: Das Billing geht direkt aus dem Vertrieb hervor und beinhaltet Fragen nach dem Bezahlsystem und dem Forderungsmanagement aus den akquirierten Nutzungsverträgen. Es gibt verschiedene Zahlungsformen. Zum einen ist pay per view mit einer Kreditkarte oder PayPal möglich. Des Weiteren können dem Abonnenten vom Content-Anbieter Rechnungen bzw. Lastschriftverfahren angeboten werden. (Vgl. Bernd W. Wirtz 2010 S. 227 - 228)

4.2 Kriterien für die Gestaltung von Geschäftsmodellen für On-line-Content

Dieses Kapitel befasst sich mit den grundlegenden Anforderungen zur Gestaltung von Geschäftsmodellen für Online-Content, wobei insbesondere Voraussetzungen für die Vermarktung von Inhalten im Bereich B2C fokussiert werden. Die aufgeführten und hergeleiteten Kriterien sind bewusst allgemein gehalten. Das Ziel ist die Gewinnung von grundlegenden Kriterien in einer aggregierten Form, welche als wichtige Voraussetzung für die Gestaltung von Geschäftsmodellen für Online-Content gelten soll.

4.2.1 Digitalisierung und IKT als Enabler für Geschäftsmodellinnovation

Ohne die Digitalisierung wäre das Betreiben eines Geschäftsmodells für Online-Content nicht denkbar. Zur Verarbeitung von Informationen ist die Digitalisierung von verfüg-baren Informationen eine absolute Notwendigkeit. (Vgl. Mirko Müller 1999 S. 8) Durch die Digitalisierung ist es möglich große Mengen von Text, Bildern und anderen Infor-mationen zu bearbeiten und mit hoher Übertragungsrate zu kopieren, zu übertragen und anzuzeigen. Für die optimale Gestaltung von Inhalten, Bannern, Websites von Unter-nehmen und Online-Werbungen werden die verschiedenen grundlegenden Datenarten in ihre Digitale Form umgewandelt. Der Text wird in einen ASCII-Code umgewandelt, das Bild wird in Zeilen und Spalten digitalisiert und der Ton wird mit Hilfe von Analog-Digital-Wandlern umgewandelt. (Vgl. Kollmann 2007 S. 18 - 19) Der Vorteil ist, dass digitale Informationen sich leichter bearbeiten und verarbeiten lassen. Außerdem lässt sich der Zugriff auf die Informationen viel einfacher gestalten und das Risiko des In-formationsverlustes wird minimiert. (Vgl. Stehan Buchheit 2009 S. 8)

Die IKT-Anwendungen spielen während des gesamten Wertschöpfungs- und Vermark-tungsprozesses eine zentrale Rolle. Dabei geht es jedoch nicht nur darum, den Automa-tisierungsgrad der Arbeitsprozesse zu erhöhen, um Effizienz zu steigern und Kosten zu sparen. Im E-Business werden die IKT heute viel mehr als Enabler angesehen (siehe Abbildung 10). Das heißt mit IKT-Anwendungen ist es möglich innovativ zu sein, um neue Geschäftsmodelle sowie Ansätze zur Lösung betriebswirtschaftlicher Probleme zu schaffen.

Die neuen Lösungen können zur Befriedigung der Kundenbedürfnisse beitragen, um einen gewissen Vorteil gegenüber dem Wettbewerb zu erzielen. (Vgl. Christian Maaß 2008 S. 2) Durch IKT kann die Wertschöpfungsarchitektur oder das Ertragsmodell eines Geschäftsmodells geändert werden. IKT kann aber auch die Schaffung eines ganz neuen Geschäftsmodells ermöglichen. Mit der Schaffung neuer Geschäftsmodelle werden Strategien entwickelt, die sich im Wettbewerb nicht an der Konkurrenz orientieren, sondern versuchen neue Wege zu finden, um neue Werte zu schaffen. (Vgl. Patrick Stähler 2002 S. 69)

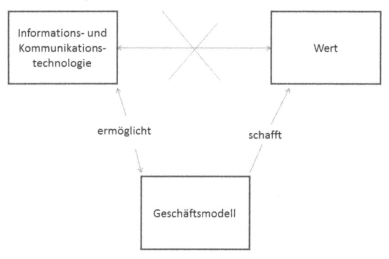

Abbildung 10: Beziehung zwischen IKT und Geschäftsmodell (nach Patrick Strähler 2002 S. 69)

4.2.2 Gestaltung der Website

Wenn die Online-User die Unternehmenswebsite besuchen, entscheidet schon der erste Blick auf die Gestaltung der Website und den angebotenen Inhalten über den Erfolg oder Misserfolg. Eine mangelhafte Gestaltung der Webseite führt zu einer sinkenden Besucherzahl, zu geringer Verweildauer, beim Premium-Content zu einem Abbruch von Einkaufsvorgängen und Weiterempfehlungsabsichten. Es werden schätzungsweise Milliarden Euro jährlich an Umsatzbußen, die auf eine inadäquate Website-Gestaltung zurück zu führen ist, verzeichnet. Daher ist die Gestaltung der Website eines der wichtigsten Aufgaben der Content-Anbieter. Die Konsumenten werden sich die angebotenen Inhalte eines Anbieters nur dann ansehen, wenn sie sich von dem Aufruf der Seite einen Nutzen versprechen können. Hierzu ist es notwendig sich bei der Gestaltung der Website und den Inhalte auf der Website an den Anforderungen der Kunden und nicht an dem technisch Machbaren zu orientieren. Die Erwartung und die Bedürfnisse der Kunden sollten immer im Mittelpunkt stehen. (Vgl. Klaus Peter Wiedmann 2004 S. 312)

4.2.3 Usability

Neben der Gestaltung der Website auf der die Anbieter ihre Inhalte vertreiben, spielt die Usability der Website eine noch wichtigere Rolle. Daher müssen sich die Anbieter verstärkt Gedanken über die Benutzbarkeit machen, um die Nutzer nicht zu überfordern. Benutzerfreundlichkeit ist im Web wichtig und entscheidend für den Vertrieb von Dienstleistungen und Waren . Wenn der Kunde den gewünschten Inhalt nicht findet, wird er es nicht kaufen. Der Web-Benutzer zeigt eine bemerkenswerte Ungeduld und verlangt, dass seine Bedürfnisse und Wünsche sofort befriedigt werden. Wenn er in etwa einer Minute nicht erkennen kann, wie eine bestimmte Seite zu bedienen ist bzw. wo er seinen gewünschten Inhalt finden kann, verlässt er die Seite. (Vgl. Thorsten Schwarz 2008 S. 199 - 205) Daher sollen die Webdesigner bei der Optimierung der Usability von Websites auf folgende wichtige Faktoren achten. Der Benutzer muss die Funktionalität einer Anwendung und der Interface-Elemente klar erkennen können. Auf der Website des Anbieters sollten Inhalte dominieren, welche die Benutzer interessieren. Zum Schluss soll die Benutzung der Website ein klares, deutlich sichtbares Feedback abliefern, denn Aufmerksamkeit wird vor allem durch Farbe, Kontrast und Bewegung definiert. (Vgl. Thorsten Schwarz 2008 S. 199 - 205)

4.2.4 Qualität der Inhalte

Im Rahmen des Paid-Contents ist die Qualität der Inhalte für die Zahlungsbereitschaft der Konsumenten besonders entscheidend. Die Zahlungsbereitschaft der User hängt nicht nur von der Art der Inhalte oder den Nutzungsgewohnheiten der User ab, sondern sie hängt zum größten Teil von der Qualität der Inhalte ab. Die meisten Verlage ziehen es in Erwägung ihre Online-Ausgaben gegen Bezahlung den Usern zur Verfügung zu stellen. Dieses Vorgehen wird im Moment von den Kritikern belächelt, weil die User sich nicht bereit erklären würden für dieselben Inhalte zu zahlen, die bisher kostenlos waren. Eine Nielsen-Studie belegt aber, dass dies funktionieren könnte, wenn die Bezahlinhalte eine höhere Qualität aufweisen. Eine wichtige Erkenntnis der Marktforscher aus einer Umfrage von mehr als 27.000 Verbrauchern lautet, dass die Konsumenten eine besonders hohe Zahlungsbereitschaft für Online-Inhalte zeigen, wenn sie für entsprechende Offline-Inhalte normalerweise Geld ausgeben müssten. Bei Inhalten wie Kinofilme, Musik, Spiele und redaktionell hochwertige Inhalte, welche mit hohem Kostenaufwand erstellt werden, neigen immer mehr User zur Zahlungsbereitschaft. Aus der Umfrage geht hervor, dass 71 Prozent der Teilnehmer eine Zahlungsbereitschaft zeigen würden, wenn die Qualität der bezahlten Inhalte besser wäre als bei den Gratis-Inhalten. (Vgl. Oliver Springer 2010)

4.2.5 Aktualität, Vollständigkeit und Richtigkeit der Inhalte

Die richtige Qualität der Inhalte hängt von der Aktualität, Richtigkeit und Vollständigkeit der Inhalte ab. Um den Usern qualitativ hochwertige Inhalte anzubieten, müssen sich also die Anbieter ganz besonders auf diese drei Kriterienmerkmale konzentrieren.

Der mangelnde Informationsgehalt, die fehlende Aktualität und die Richtigkeit der angebotenen Informationen führen oftmals zu einer Unzufriedenheit der User und somit
zu einem Anbieterwechsel sowie zu einer negativen Bewertung der jeweiligen Anbieter.
Wechseln bzw. verlassen immer mehr Kunden ihre Informationsanbieter, kann dies ein
Hinweis auf Defizite und Mängel bei den drei genannten Qualitätskriterien sein. Daher
muss neben der Gestaltung und Usability des Internetauftritts auch auf die Aktualität,
Vollständigkeit und Richtigkeit der Informationen geachtet werden, um den User positiv zu beeinflussen. (Vgl. Frank Rademacher 2006 S. 8)

4.2.6 Nutzung eines Content-Management-Systems (CMS)

Damit die Inhalte in richtiger Form, fehlerfrei, mit einer guten Qualität und zeitnah aufbereitet, verarbeitet, publiziert und verwaltet werden können, ist die Nutzung eines
CMS für die Anbieter unvermeidbar.

Um den Begriff CMS zu verstehen, muss man zuerst den Begriff Content-Management
(CM) definieren. Nach Rothfuss und Ried wird der Begriff Content-Management als
„systematische und strukturierte Beschaffung, Erzeugung, Aufbereitung, Verwaltung,
Präsentation, Verarbeitung, Publikation und Wiederverwendung von Informationen"
definiert. (Vgl. Andreas Ritter 2010 S.4) Aus der Definition kann entnommen werden,
dass ein CM die Inhalte über ihren ganzen Lebenszyklus unterstützt und für sie zustän-
dig ist.

Die Geschichte des CMS begann damit, dass man mit den steigenden Mengen an Inhalten und Informationen in den 90iger Jahren nach einer Lösung suchte, Inhalte schneller,
effizienter und kostensparender zu managen. Die Lösung fand man in Content-
Management-Systemen. Beim CMS, welches in der Vergangenheit auch als Redakti-
onssystem bekannt war, handelt es sich um ein Anwendungsprogramm, dass aber heute
bedeutend mehr Funktionalitäten aufweist, um nutzer-übergreifende, elektronische Erstellung, Bearbeitung und Verwaltung von Inhalten zu ermöglichen. (Vlg. Content.net/
CMS)

Die zentralen Funktionen eines jeden CMS sind die Trennung von Inhalt, Struktur und
Layout sowie die zentralisierte Speicherung der Inhalte. Durch die Trennung von Inhalt,
Struktur und Layout wird eine content-orientierte Arbeitsweise ermöglicht. Sie bildet
die Grundlage zur Wiederverwendung und Aufbereitung der erfassten Inhalte. Die
zentralisierte Datenhaltung ermöglicht die Vermeidung von redundanter Datenhaltung
und die Gewährleistung von schnellerer Wiederauffindbarkeit bereits erfasster Inhalte
mit Hilfe der Metadaten. (Vgl. Andreas Ritter 2010 S. 12 - 13) ·

Das Webpublishing mit Hilfe eines CMS bietet folgende Vorteile.

- Keine technischen Vorkenntnisse nötig, d.h. die Benutzer müssen über keine speziellen Programmierkenntnisse verfügen, um das System zu bedienen
- Einhaltung von Design-Vorgaben, d.h. durch die Trennung von Inhalt und Layout wird ein einheitliches Design des Web-Auftritts sichergestellt
- Geringer Aktualisierungszeitraum, da die Inhalte dezentral, d.h. standortunabhängig, gepflegt werden können.
- Senkung der Betriebskosten, da weniger Administrationsaufwand nötig ist
- Beschleunigung und Qualitätssicherung der Arbeitsprozesse durch den Einsatz von Workflows

4.2.7 Zielgruppendefinition und Kundensegmentierung

Bei der Kundensegmentierung werden bekannte Einzelkunden zu homogenen Gruppen zusammengefasst. Das Ziel dabei ist die Identifikation, Selektion und Förderung profitabler Kunden. Die Kundensegmentierung und Zielgruppendefinition sind somit wichtige Größen zur Planung, Steuerung und Kontrolle von Marketing-Entscheidung. (Vgl. Hermann Freter 2008 S. 357) Aus diesem Grund kann man sagen, dass die Zielgruppendefinition und Kundensegmentierung ein wichtiges Kriterium für ein funktionierendes Geschäftsmodell darstellen.

Um ein erfolgreiches Geschäftsmodell zu etablieren ist eine möglichst genaue Zielgruppendefinition und deren konkrete Analyse und Einordnung bezüglich des Kundenwertes und des Kundenpotenzials unerlässlich. (Vgl. Christoph Hammer 2003 S. 42) Bei internetbasierten Geschäftsmodellen muss die informationstechnische Durchdringung der anvisierten Zielgruppen und deren Mediennutzung detailliert geprüft und bewertet werden. Dabei kann man auf verschiedene Quellen, wie GFK-Analysen zur bundesdeutschen Internetnutzung, welche Angaben über Internet- und Mediennutzung in den unterschiedlichen Altersgruppen der BRD enthalten, zugreifen. Informationen des Statistischen Bundesamtes und anderer Bundesinstitute zu den Themenbereichen Haushaltsgrößen und -einkommensverteilung haben sich ebenso als ergiebige Quelle herausgestellt. (Vgl. Christoph Hammer 2003 S. 43)

5   Beispiele für gelungene Geschäftsmodelle

In diesem Teil der Arbeit werden die Content-Anbieter Wikipedia und Youtube sowie ihre Geschäftsmodelle unter Betrachtung des Content-Angebotes vorgestellt. Dabei wird ganz besonders auf die strategische Ausrichtung sowie auf die Art der Leistungsangebote und ihre Zuordnung zu den Geschäftsmodellvarianten von Wirtz eingegangen.

5.1 Wikipedia

Wikipedia ist eine nicht-kommerzielle internetbasierte Online-Enzyklopädie. Alle Informationen der Online-Enzyklopädie werden von einer weltweiten Autorengemeinschaft erstellt und den Internetbenutzern kostenlos zur Verfügung gestellt. Die Internetbenutzer können die Wikipedia-Artikel nicht nur lesen, sondern auch überarbeiten. Demzufolge basiert das Geschäftsmodell von Wikipedia auf dem Geschäftsmodelltyp Open-Content und User-Generated-Content, welche zur Geschäftsmodellvariante E-Information zugeordnet werden kann. (Vgl. Bernd W. Wirtz 2010 S. 243) Ursprünglich war die Online-Enzyklopädie nur in englischer Sprache verfügbar, gegenwärtig ist sie jedoch in rund 260 Sprachen verfügbar. Die deutsche Online-Enzyklopädie Wikipedia verfügt über 1 Million Artikel. Der Content besteht zurzeit vor allem aus Textinhalten, Fotos, Tabellen und Zeichnungen. Eine Ergänzung durch Videos und Animationen ist in naher Zukunft vorgesehen.

Die Anzahl der international angemeldeten Nutzer beläuft sich auf etwa 1.016.000 (Stand: 31. Oktober 2009) und auf mehr als 1 Million Autoren, davon über 6.700 deutsche (Stand: 31. Oktober 2009), die regelmäßig bei der deutschsprachigen Ausgabe mitarbeiten. (Vgl. Wikipedia 2010) Laut eigenen Angaben finanziert sich die freie Enzyklopädie fast ausschließlich durch Spenden – überwiegend von Privatpersonen und anderen Stiftungen. Daher verfügt Wikipedia über kein kommerzielles erlösbasiertes Geschäftsmodell.

Die freie Enzyklopädie Wikipedia wird durch die im Juni 2003 von Jimmy Wales gegründete nicht-kommerzielle Wikimedia Foundation Inc. betrieben. Neben der freien Enzyklopädie Wikipedia, betreibt die Wikimedia Foundation weitere Projekte, wie das Online-Wörterbuch Wiktionary, die Onlinebibliothek Wikibooks, Online-Zitatesammlung Wikiquote, Online-Sammlung von Quelltexten Wikisource, Online-Datenbank für Bilder, Videos, Musik und Audio Wikimedia Commons, Online-

Nachrichtenquellen Wikinews sowie die Online-Lern-, Lehr- und Forschungsplattform Wikiversity.(Vgl. Bernd W. Wirtz 2010 S. 244)

Die Website von Wikipedia ist sehr einfach und benutzerfreundlich gestaltet. Sie verfügt über einige wenige Funktionen, wie die Suchfunktion, der Login-Bereich, der personalisierte Anwendungen bietet, das Diskussions-Forum, um sich mit den anderen Benutzern zu unterhalten, die Möglichkeit, Artikel anonym oder über den Login-Bereich zu editieren sowie Rückverfolgung der Autoren in Bezug auf die erstellten Artikel. Außerdem besteht die Möglichkeit einen bestimmten Artikel in einer anderen Sprache zu lesen.

Neben der einfachen Bedienbarkeit der Website von Wikipedia gehören zu den wesentlichen Core Assets des Anbieters die hohe Bekanntheit sowie die Informationsführerschaft im Wissensbereich. Die strategische Ausrichtung des Unternehmens sowie die Core Assets und Kernkompetenzen sind zusammengefasst in Abbildung 11 dargestellt.

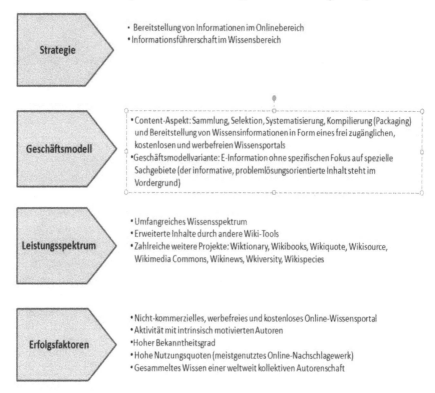

Abbildung 11: Strategische Ausrichtung von Wikipedia (nach Bernd W. Wirtz 2010 S. 248)

Da Wikipedia die Inhalte den Nutzern kostenlos zur freien Verfügung stellt und über kein erlösbasiertes Geschäftsmodell verfügt, genießt es eine hohe politische und gesellschaftliche Bedeutung. Wikipedia stellt die informativen sowie die problemlösungsorientierten Inhalte in den Vordergrund und fokussiert damit vor allem auf den informierten und gebildeten Nutzer. Dabei richten sich die Inhalte nicht auf ein spezifisches Sachgebiet, sondern fungieren als kostenloser Wissensnavigator über eine große Bandbreite. (Vgl. Bernd W. Wirtz 2010 S. 246) Ein wesentlicher Kritikpunkt ist jedoch mit der offenen Struktur von Wikipedia verbunden. So wird häufig angeführt, dass das kollaborative Prinzip und somit die für jedermann offene Teilnahme am Entscheidungsprozess von Artikeln zwangsläufig zur Manipulierbarkeit der Informationen und zur mangelnden Glaubwürdigkeit führe. (Vgl. Bernd W. Wirtz 2010 S. 248) Diese Ansicht kommt vor allem von den Wettbewerbern, die an der kommerziellen Verwertung der Inhalte interessiert sind.

5.2 Youtube

Youtube ist ein Internet-Videoportal, auf dem Benutzer Video-Clips ansehen und hochladen können. Youtube wurde im Jahr 2005 von den drei ehemaligen PayPal-Mitarbeitern Chad Hurley, Steve Chen und Jawed Karim gegründet.
Kurz danach im Jahr 2006 gab der Suchmaschinenbetreiber Google die Übernahme von Youtube für 1,65 Mrd. US Dollar bekannt. (Vgl. Bernd W. Wirtz 2010 S. 247)

Wie oben schon erwähnt, können die Benutzer auf die Plattform von Youtube ihre privaten Videos hochladen, die per Schlagwortsuche für jedermann zu finden sind. Die wesentlichen Core Assets von Youtube liegen an der einfachen und benutzerfreundlichen Darstellung der Website sowie an der Nutzergemeinde, die sich auf der Internetsite registrieren und Videos hochladen können. Die Community lebt dabei auch von Selbstkontrolle, das heißt die Inhalte, die als illegal oder unangemessen erscheinen, können seitens der Benutzer als solche markiert werden. Nachdem der Sachverhalt vom Plattformbetreiber überprüft wurde, wird der Inhalt dann gegebenenfalls entfernt. Im Jahr 2009 gab Chad Hurley, einer der Gründer und CEO von Youtube, bekannt, dass etwa 65.000 Video-Clips pro Tag hochgeladen wurden. (Vgl. Heise 2009) Im Mai 2010 wurden über 2 Mrd. Aufrufe von Video-Clips pro Tag registriert. (Vgl. Youtube-Global-Blogspot 2010)

Das Erlösmodell von Youtube ist stark indirekt transaktionsunabhängig und stellt auf die Einbindung von Werbung ab. Hierbei sind sowohl die vielfältigen Bannerwerbungen anzumerken, also auch die nach dem Konsum eines Videos erscheinenden kontextabhängigen Werbeeinblendung. Im Fall des Distributionsmodells bietet Youtube die

Inhalte der Nutzergemeinschaft an den privaten Nutzer an. (Vgl. Josephine Hoffmann 2008 S. 29)

Zusammengefasst kann man festhalten, dass das Geschäftsmodell von Youtube dem Geschäftsmodelltypen Open-Content und User-Generated-Content, welche auf den Geschäftsmodellvarianten E-Entertainment und Infotainment basiert, zugeordnet werden kann, wobei der Aspekt Unterhaltung /Entertainment im Vordergrund steht. Der wesentliche Unterschied des Geschäftsmodells Youtube zu dem Geschäftsmodell Wikipedia besteht in der Variabilität der Geschäftsmodellvariante und des Erlösmodells.

Die strategische Ausrichtung von Youtube sowie die Core Assets und Kernkompetenzen sind zusammengefasst in Abbildung 12 dargestellt.

Abbildung 12: Aspekte des Geschäftsmodells Youtube (Quelle: Eigene Darstellung)

6 Fazit und Ausblick

Das Medium Internet hat die Gesellschaft nachhaltig geprägt. Die IKT ermöglichte die Entwicklung neuer content-basierter Geschäftsmodelle und die Internetökonomie wurde zu einem eigenständigen Teil der Informationswirtschaft. Content-Anbieter sind ein Teil dieser Internetökonomie, welche sich mit der Kompilierung, Darstellung und Bereitstellung von Inhalten beschäftigen. Die Inhalte können aus politischen, wirtschaftlichen oder gesellschaftlichen Informationen, aus Unterhaltung, wie Musik oder Film, oder aus Bildungsangeboten bestehen. Dabei ist es möglich die Inhalte zu kombinieren oder das Leistungsangebot, wie z.b. Diskussionsforen, zu erweitern, um eine stärkere Kundenbindung zu gewährleisten. (Vgl. Alexander Fox S. 64 - 65)

Diese Arbeit hat gezeigt, dass Online-Contents immer mehr an Bedeutung gewinnen. Die Geschäftsmodelle für Online-Inhalte befinden sich in einer wichtigen Phase – weg von Free-Content, hin zu Paid-Content, lautet das Motto der meisten Verlagsmedien.

Früher finanzierten sich Medienunternehmen im Internet vor allem über Online-Werbung. Doch die Werbeeinnahmen blieben hinter den Erwartungen zurück und ein erfolgreiches Geschäftsmodell fehlte.

Folgerichtig mussten sich die Content-Anbieter umorientieren. Es wurden neue Strategien entwickelt, um mehr Erlöse zu erzielen. Eine Mischfinanzierung aus Werbeeinnahmen und Erlösen aus dem Content-Vertrieb wurden angestrebt werden. Im B2B-Bereich wurde das Konzept des Content-Syndication entwickelt, um von breiteren Absatzmöglichkeiten zu profitieren.

Auch im Bereich B2C etablierte sich Paid-Content immer stärker. Immer mehr Menschen sind bereit, für Online-Content-Angebote in die Tasche zu greifen. Allerdings hängt der Erfolg von bezahlten Inhalten im Wesentlichen von Qualität, Nutzerfreundlichkeit, Personalisierungsgrad und Exklusivität der Inhalte ab. Hinzu kommt die Frage, welche Content-Formate als Paid-Content und welche als Open-Content vermarktet werden. E-Books, Filme oder PC-Spiele können als kostenpflichtige Contents an den Nutzer abgegeben werden. Anders sieht es bei Zeitschriften und speziellen Websites aus. Hier müssten sich die Anbieter entscheiden, ob sie ihre Inhalte als Paid-Content, Free-Content, Werbefinanzierung oder Mischformen anbieten möchten.

In Zeiten des Web 2.0 treten auch Leser, wie Journalisten, Fotografen oder Meinungsbildner in Erscheinung. Mit dem Konzept des User-Generated-Contents können die Beiträge der User als Ideenlieferant genutzt werden und zusätzlich dem Bedürfnis nach Interaktion dienen. Die Beschaffung der User-Generated-Content ist derzeit von der Motivation der User abhängig. Damit die Internet-User kontinuierlich Beiträge leisten können, müssen die Anbieter sowohl auf die Verstärkung der intrinsischen Motivation zielen als auch Anreize und Maßnahmen intensivieren, um eine extrinsischen Motivation der Nutzer zu gewährleisten. (Vgl. Josephine Hoffmann 2008 S. 30)

Angesichts des schrumpfenden Werbemarktes sind sowohl die Verlage als auch die herkömmlichen Content-Anbieter herausgefordert, nach neuen Erlösquellen zu suchen. Vor allem den Verlagshäusern ist es bisher nicht gelungen ihre Aktivitäten im Internet durch Werbung ausreichend zu refinanzieren.

Über einen langen Zeitraum konnten die Verlage zwei Drittel ihrer Umsätze aus Anzeigen und ein Drittel aus dem Vertrieb erwirtschaften. Doch seit 2009 hat dieses Verhältnis sowohl im Offline- als auch im Online-Bereich eine Wende genommen, denn seither sind mehr als die Hälfte der Umsätze aus dem Vertrieb in die Kassen der Verlage geflossen. Grund für die Verschiebung ist der schrumpfende Werbemarkt und die steigenden Umsätze aus dem Vertrieb. Die Vertriebsumsätze stiegen dennoch, weil viele Verlage die Preise erhöhten.

Wie schon in den letzten Kapiteln dieser Arbeit bereits erwähnt wurde, ist der Übergang von Free-Content zu Paid-Content für die Content-Anbieter von existenzieller Bedeutung. (Vgl. Sonja Pohlmann 2010)

Eine große Chance würden Tablet- PCs wie das iPad von Apple bieten. Media-Tablets wie das iPad sind handliche Lesegeräte, welche ihren Einsatz neben dem Wohnzimmersessel oder dem Balkon haben.

Auch mit der Erfindung des Netbooks als leichter, preiswerter und gut zu transportierender Computer mit langer Akkulaufzeit sollte ein Schritt in diese Richtung gemacht werden. Sie sind zwar extrem leise, doch wer ein Netbook auf dem Schoß oder auf die Bettdecke stellt, muss eine Überhitzung der Hardware fürchten. (Vgl. Oliver Springer 2010)

Auch Smartsphones können als solches eingesetzt werden und sind schon zum Teil dorthin vorgedrungen, aber durch die eingeschränkte Bildschirmgröße haben Mobiltelefone Nachteile gegenüber IPad-Geräten.

„Das iPad wird von der überwältigenden Mehrheit der Medien als Retter des Journalismus gefeiert. Zeitungen und Magazine hoffen darauf, über den Verkauf von Apps an ihr altes Abo-Modell aus dem Print-Bereich anknüpfen zu können. Dabei werden das iPad und die ihm nachfolgenden Media-Tablets dabei helfen, dass den Zeitungsverlagen die zahlenden Leser noch schneller abhandenkommen als bisher". (Vgl. Oliver Springer 2010)

Allerdings sollen die Verlage die Hoheit über ihre Inhalte und das Anzeigengeschäft sowie die Beziehung zu ihren Kunden behalten. Apple behält sich aber vor, alle über seinen Online-Store vertriebenen Inhalte voher zu überprüfen. In diesem Fall würden sich die Verlage in einem geschlossenen System bewegen. Wichtig ist deshalb, dass dem iPad bald weitere Tablet-PCs folgen, um eine Abhängigkeit der Content-Anbieter ausschließen zu können. (Vgl. Sonja Pohlmann 2010)

Quellenverzeichnis

41. Alexander Fox; die Bewertung von Content-Anbietern unter besonderer Berücksichtigung von Web 2.0; 2009

Alexander Graf; Geschäftsmodelle im europäischen Automobilvertrieb; 2008

Andreas Meier, Henrik Stormer; eBusiness & eCommerce; Management der digitalen Wertschöpfungskette 2008

Andreas Ritter; SWOT-Analyse zu Content-Management-Systemen; 2010

Barbara Heckerott; Ein zweiter Frühling für Content-Syndication; 2002; http://www.computerwoche.de/unternehmen-maerkte/online-business/527908/; (Zugriff am 03.11.2010)

Bernd W. Wirtz; Electronic Business; 2. Auflage; 2001

Bernd W. Wirtz; Electronic Business; 3. Auflage; 2010

BITKOM; Online-Content: Vertrieb, Vergütung und DRM; 2007

Christian Hofbauer; Geschäftsmodelle Quadruple Play; Eine Einschätzung der Entwicklung in Deutschland; 1. Auflage 2008

Christian Kittl; Kundenakzeptanz und Geschäftsrelevanz; 2008

Christian Maaß; E-Business Management; 2008

Christian Schmitt; Das Werbeorakel zu User Generated Content; 2007; http://www.media-treff.de/index.php/2007/09/14/das-werbeorakel-zu-user-generated-content/; (Zugriff am 02.11.2010)

Christoph Hammer; Gerald Wieder; Internet-Geschäftsmodelle mit Rendite; 2003

Content.net/CMS: Mit Text-Content in den Suchmaschinen ganz oben stehen; o.A; o.J; http://www.content.net/index/Content-Management/; (Zugriff am 28.11.2010)

Content.net/Content-Syndication: Mit Text-Content in den Suchmaschinen ganz oben stehen; o.A; o.J; http://www.p3wiki.de/wiki/Content_Syndication; (Zugriff am 02.11.2010)

Content.net/Open-Content: Mit Text-Content in den Suchmaschinen ganz oben stehen; o.A; o.J http://www.content.net/index/Open-Content/; (Zugriff am 25.10.2010)

Content.net/Paid-Content: Mit Text-Content in den Suchmaschinen ganz oben stehen; o.A; o.J http://www.content.net/index/Paid-Content/ (Zugriff am 29.10.2010)

Content.net/User/Generated-Content ; Mit Text-Content in den Suchmaschinen ganz oben stehen; o.a; O.J. http://www.content.net/index/User-generated-Content/; (Zugriff am 01.11.2010)

CYbiz Nr. 11 vom 31.10.2001 Seite 024

Dennis Godbersen; Geschäftsmodelle virtueller Communities, Hauptseminararbeit; 2007

Do it.online; Das Infoportal der MFG für mehr Innovation mit IT und Medien aus Baden-Württember; o.A; o.J (Zugriff am 28.10.2010) http://www.doit-online.de/cms/do+it.themen/IT+%B6+Internet?serie=&detailid=7210;(Zugriff am 27.10.2010)

Florian Stahl; Paid Content; 2005

Frank Keuper; Electronic Business und Mobile Business; Ansätze, Konzepte und Geschäftsmodell; 2002

Frank Rademacher; Einflussfaktoren auf die Besuchsdauer von Internetseiten; 2006

Gerhard Andreas Schreiber; Electronic Commerce-Business in digitalen Medien; Geschäftsmodelle, Strategien, Umsetzung; 1998

Harald Hungenberg; Strategisches Management im Unternehmen, Ziele –Prozesse-Verfahren; 2004

Heise; YouTube: Über 1 Milliarde Videoabrufe pro Tag; 2009; o.A.; http://www.heise.de/newsticker/meldung/YouTube-Ueber-1-Milliarde-Videoabrufe-pro-Tag-821259.html; 25.10.2010

Hermann Freter; Markt- und Kundensegmentierung; Kundenorientierte Markterfassung und – bearbeitung 2. Auflage; 2008

Jana Wardag; Geschäftsmodelle im E-Business; Seminararbeit; 2002

Jörg Link; Mobile Commerce; Gewinnpotenziale einer stillen Revolution; 2003

Josephine Hoffmann, Andreas Meier; Webbasierte Geschäftsmodelle; 2008

Karkas–online Konzepte in eCommerce-Anwendungen - Geschäftsmodelle und Strukturen beim Handel im Internet; o.A.; o.J.; http://www.karakas-online.de/teia/KEA/kea_1_3_1.htm, ; (Zugriff am 20.10.2010)

Klaus Peter Wiedmann; Konsumentenverhalten im Internet; Konzept-Erfahrung-Methoden; 2004

Marcel Oertig; Neue Geschäftsmodelle für das Personalmanagement; Von der Kostenoptimierung zur nachhaltigen Wertsteigerung; 2. Aktualisierte und erweiterte Auflage; 2007

Marion Büttgen/Fridjof Lücke; Online Kooperationen; Erfolg im Ebusiness durch strategische Partnerschaften; 2003

Markus Caspari; DigitalStrategyBlog; Statistik zur Zahlungsbereitschaft; 2009 http://digitalstrategyblog.com/2009/10/11/paid-content-statistik-zur-zahlungsbereitschaft/; (Zugriff am 01.11.2010)

Micheal Warm; Neue Geschäftsmodelle in der Musikindustrie; Erfolgspotenziale unterschiedlicher Spieler vor dem Hintergrund von Marktanforderung und Kompetenzprofil; Master Thesis; 2008

Mirko Müller; Eine Klassifizierung von Geschäftsmodellen im Internet; Diplomarbeit; 1999

Nicole Graf; Torsten Gründer; eBusiness; Grundlagen für den globalen Wettbewerb; 2003

Nicole Hamelau; Strategische Wettbewerbsanalyse; eine Konzeptionelle Umsetzung am Beispiel der Spezialchemie 2003

Oliver Springer; Paid Content: Qualität eintscheidend für Zahlungsbereitschaft; 2010; http://www.techbanger.de/2010/02/24/paid-content-qualitat-entscheidend-fur-zahlungsbereitschaft; 10. 10. 2010

Open-Content; Bildungsbündnis Open-Content; o.A. o.J http://www.opencontent-bw.de/index.php?id=31

Patrick Stähler; Geschäftsmodelle in der digitalen Ökonomie; 2. Auflage; 2002

Paul Holger Klee; P3Wiki; Content-Syndication; 2009; http://www.p3wiki.de/wiki/Content_Syndication; 29.10.2010

Prof. Dr. Manfred Kirchgeorg; Marketing; 2008; o.A. http://wirtschaftslexikon.gabler.de/Definition/marketing.html; (Zugriff am 22.11.2010)

Prof. Werner Pepels; E-Business-Anwendungen n der Betriebswirtschaft; 2002

Sebastian Schmidt; Das Online-Erfolgsmodell digitaler Produkte; Strategische Wirkungspotenziale und operative Handlungsoptionen; 2007

Sina Schmitt; Die Auswirkungen der Digitalisierung auf die Geschäftsmodelle von Publikumszeitschriftenverlagen; Bachelorthesis im Studiengang Mediapublishing; 2008

Sonja Pohlmann; Mobile Hoffnungsträger mit Einschränkungen: 2010; http://www.zeit.de/digital/mobil/2010-07/pressemarkt-erloese-vertrieb-tablet; (Zugriff am 29.11.2010)

Stehan Buchheit; Geschäfts- und Erlösmodelle im Internet; Eine Web 2.0 kompatible Erweiterung bestehender Konzepte; 2009

TEIA-Lehrbuch/ Marketing ; o.A. o.J. http://www.teialehrbuch.de/Kostenlose-Kurse/Marketing/15229-Der-Begriff-des-Marketing-Mix.html; (25.11.2010)

TEIA-Lehrbuch/Positionierung; o.A.; o.J.; http://www.teialehrbuch.de/Kostenlose-Kurse/Marketing/15233-Grundgedanke-der-Positionierung.html; (Zugriff am 26.11.2010)

TEIA-Lehrbuch: eBusiness-Entwicklung für kleine und mittelständische Unternehmen o.A.; o.J. http://www.teialehrbuch.de/Kostenlose-Kurse/eBusiness/12195-Geschaeftsmodelle-im-Electronic-Business.html; (Zugriff am 21.10.2010)

TEIA-Lehrbudh/ Heuristischer Ansatz; o.A.; o.J; http://www.teialehrbuch.de/Kostenlose-Kurse/Marketing/15231-Heuristischer-Ansatz-zur-Gestaltung-des-Marketing-Mix.html; 27.11.2010

TEIA-Lerhbuch/ Budgetierung und Abstimmung; o.A. o.J. http://www.teialehrbuch.de/Kostenlose-Kurse/Marketing/15230-Budgetierung-und-Abstimmung-der-Instrumentalbereiche.html; (26.11.2010)

Thomas Bieger; Nils Bickhoff, Rolf Casper, Dodo zu Knyphausen-Aufseß Kurt Reding; Zukünftige Geschäftsmodelle; Konzept und Anwendung in der Netzökonomie; 2002

Thorsten Schwarz; Erfolgreiches online Marketing; Schritt für Schritt zum Ziel; 2008

Wikipedia; 2010; o.A.http://de.wikipedia.org/wiki/YouTube; (Zugriff am 27.11.2010)

Youtube-Global-Blogspot; At five Years, two billion views per day and counting; 2010; o.A; http://youtube-global.blogspot.com/2010/05/at-five-years-two-billion-views-per-day.html; 25.10.2010

5-Forces-Analyse nach Porter; o.A.; 2010 http://de.wikipedia.org/wiki/5_forces (Zugriff am 06.11.2010)